開祖さまに倣《なら》いて

庭野光祥

はじめに

開祖さまご一生にわたる「み教えの要諦《ようたい》」を正しく継承し、広く普及させるため、『開祖さまの教典』編纂《へんさん》委員会が編成されました。その委員長のお役を頂いたとき、私にとってはこの編纂作業こそが、開祖さまの悟られたことに少しでも近づく、またとない機会であると感じました。

以来、今日まで五年余にわたり、教団内外の諸先生方をはじめ、先輩の皆さまからも多くのご示唆《しさ》やご意見を頂き、教典の編纂という大役に取り組んでまいりました。また、国内はもとより、海外の会員の皆さまからもご協力頂き、より多くの方々の心に生きる「開祖さま像」に迫《せま》ろうと、チャレンジもしてまいりました。

「すべての人を百パーセント救う」という真の法華経精神に出遇い、鍵がカチッとはまるように一法をつかまれた開祖さまの感激と情熱は、終生変わることがありませんでした。開祖さまは膨大《ぼうだい》な数のご法話のなかに、私たちが「宝《ほう》処《しょ》」へと向かうために必要な宝物をすべて遺《のこ》してくださっているはずです。あとは、それを見る眼を持つだけでした。

しかし、いざ作業が始まると、目の前にいる人の幸せのために最善を尽くされた開祖さまのご法話は、あまりにも自由自在で、根底に流れる源を探するると、孫として共に生活させて頂いたにもかかわらず、まるでご法話の海を漂流しているような思いになることもありました。

試行錯誤のすえ、み教え全体を満遍なく表わすことや、一つひとつのご法話を教義的に位置づけすることはやめ、私のなかに生きる開祖さまを取り戻すことから始めました。ご法話を基《もと》にしながらも、開祖さまはどんな方だったか、なぜそうおっしゃったのか、その言葉によってまわりの人の心や状況がどう動いたのか、という視点を大切にしました。また、先輩幹部さんや会員の皆さまの救い・救われの実例を挙《あ》げながら、編纂作業を進めることにしました。

開祖さまが法華経の何を信じられたのかを知り、開祖さまがつかまれた「一法」を知ることで、私たちの人生はどれほど豊かなものになるでしょう。そのためには、だれもが、いつでも、どこでも、かけられる「めがね」のようなものが必要だと思いました。

そのめがねに、私は「本仏の願い」と「仏性開顕《ぶっしょうかいけん》」という二つのレンズをはめてみました。すると、たくさんのご法話や個々のご指導の根底に流れる源、無量義《むりょうぎ》の奥にある一法の世界が、3D《スリーディー》（立体）の映像のように少しずつ浮き上がってくるようでした。

そこに見えてきたもの、それは「すべての人の仏性に光をあて、いまのなかに仏さまのはたらきを見いだし、合掌していくこと」です。それに気づいたとき、果てしなく続いたトンネルの先にあふれる、あたたかな一点の明かりに出合ったような、深い安心と希望に満ちた心境になりました。

もとより、学びの途上にある私ですから、開祖さまという偉大な存在の全体像をお伝えできたとは思いません。けれども、開祖さまに倣《なら》い、開祖さまの求めた光の世界を求め、やがてはその光を受け継ぎ、未来へ伝えていきたいと念願し、そのプロセスをここに書き留《と》めたつもりです。

皆さまお一人お一人が、法華経の精神という光を代々伝え、素晴らしい人生を送られますことを心から願っております。

最後になりましたが、発刊に際し、さまざまな角度からアドバイスくださり、長期間にわたって共に編纂作業に携わってくださった編纂委員の皆さま、専門部会の皆さまのご理解、ご協力に深く感謝申しあげます。

二〇〇八年二月吉日

『開祖さまの教典』編纂委員会委員長　庭野光祥

発刊に寄せて

庭野日鑛

開祖さまの法話の要諦を抽出し、佼成会会員の座右の書を編修《へんしゅう》したいとの志を持ち、『開祖さまの教典』編纂委員会のメンバーが中心となり、これに教団内外の諸先生方のご協力を得て、これまで五年余にわたっての考察・研鑽《けんさん》を積んでこられましたことに、厚く感謝と敬意を表します。かつて、私が『庭野日敬法話選集』編纂委員会委員長を務めた経験からしても、そのご苦労がしのばれます。

編纂作業の一つとして、このほど光祥がこれまでの学びの成果をまとめ、ここに上梓《じょうし》できたことはひとえに、会員さん方をはじめ、携わられた皆さま方のご努力の賜物《たまもの》であります。

一般に仏教は、凡夫《ぼんぷ》が仏になるための教えであるとの理解が多いかと思われます。しかし、大乗仏教においては、人間のみならず生きとし生けるものすべてが仏性という本源のいのちの現われであり、凡夫と仏という相対の世界を超えた絶対の仏の世界が説かれてあります。つまり、仏が仏になる教えであります。

私たちの肉体は六十兆もの細胞が有機的に関連し合い、いのちを存続させています。それはやがて老いて病み、そして、だれも皆、必ず死を迎えます。この肉体のはたらき・現象そのものからして、縁起、無常という真理・法を具体的に表わしています。ですから、私たちのいのちとは真理・法そのものであり、仏の御《おん》いのちであるといえます。

本来、皆、余ることなく欠くることなく、すなわち過不足なく、本源のいのちのはたらき・作用が円満に備わっているのです。ですから、凡夫だからまだ足りないとか、特別に修行しなければ仏になれないのではなく、ただ思いやり(仏心)を発揮することが大切なのであります。これに気づくことがつまり、「仏性開顕」であります。そうしてお互いが共に合掌礼拝《らいはい》し、賛嘆し合う世界こそが、「法華経」の一仏乗の世界であると、いま、私は受け取っています。

今回、光祥がこの書をまとめるにあたり、開祖さまの生涯にわたる膨大な法話の源泉は「本仏の願い」と「仏性開顕」という「一法」から発していた、という視点からとらえていますが、結局はこれを光祥の言葉で伝えようとしたものであると思います。

しかしながら本人も述べています通り、まだ「学びの途上」にあります。人間に完成はありません。釈尊も、人は皆、一生学ぶべきものであると悟られたとも伝えられます。「弥陀《みだ》釈迦も、只今、修行最中」という言葉を聞いたこともあります。表題に『開祖さまに倣いて』とつけた心を察するに、光祥が開祖さまを目標にしてならい、学びたいとの願いから、いまの受けとめ方をそのまま書きとどめたものであると思います。ですから、どうぞ読者の皆さまには、その気持ちを充分にくみとって頂き、素直に読んで頂ければと念願いたします。

「光祥」の法名を授けたとき、「ひかり、あかり、ひかる、かがやく」という意味で『光』を、また、「さいわい（福）、めでたい、よい（善）、きざし」などの意味で『祥』としたことを、お話ししました。今回のこの『開祖さまに倣いて』は光祥が初めて自分の考えを一冊にまとめ、皆さまに披瀝《ひれき》したものです。諸先輩からのご鞭撻《べんたつ》と多くの方々からのご意見を頂きつつ、これからもその法名の意を体して歩むことを、切に願ってやみません。

開祖さまに倣いて　目次

凡例

開祖さまのご法話（本文中の太字部分）の引用出典名は、次のように略しました。


『新釈』＝『新釈法華三部経』

『法解』＝『法華経の新しい解釈』

『法選』＝『庭野日敬法話選集』

※引用例
（『新釈』3　P〇）とあるのは、『新釈法華三部経』第三巻〇頁からの引用を示します。

（『佼成』　S51・11）とあるのは、『佼成』昭和51年11月号からの引用を示します。

『佼成新聞』『躍進』も同様です。

（『法選』別　P〇）とあるのは、『庭野日敬法話選集』別巻〇頁からの引用を示します。

（S48・9・23　普門館）とあるのは、昭和48年9月23日、普門館での法話録を示します。

※ご法話のルビは、読みやすく適宜ふり改めたため出典と異なります。

私には　忘れられない開祖さまのお姿があります
わが家での毎日のご供養の後
皆が立ち上がりかけているそのときに
一人　両手をつき　深々と　本当に深々と
ご宝前に向かって頭《こうべ》を垂《た》れていらっしゃる開祖さまのうしろ姿です
私たち家族にとっては見慣れているはずのこのお姿が
そのとき　うしろから見ていた私には
神仏と　神仏に帰依《きえ》する者との神聖な時間（ひととき）のように思えて
心がふるえました

ただひたすらに一つの道を歩み続けていらっしゃった開祖さま
その信仰の原点が　このうしろ姿に凝縮《ぎょうしゅく》されているように思いました
開祖さまは
法華経の何を信じ　どのように世界を見ていらっしゃったのか
そして　私たちに伝えようとされた真髄とは何だったのか
私はそれがどうしても知りたくなりました
開祖さまが見ていらっしゃった仏さまの世界を
私も見ることができないだろうか
そう思ったのです——

1　光を見いだす……成道《じょうどう》

仏の教えによって、心がつねに法悦に満たされておれば、この現実の世界が、楽しくて楽しくてならないところに一変するのです。どこを見ても美しく、だれを見ても菩薩《ぼさつ》に見えるのです。

（『法選』別　P120）

「さて、十二月八日の朝のことです。明けの明星がキラキラと輝くさわやかな時、菩薩のみ心にはひらめくように悟りが開けました。すなわち、すべてのものを見る目が、一変したのです。表面の現象を見るのでなく、万物のほんとうのすがた、すなわち実相《じっそう》をありありと見通されるようになったのです。

つまり、〈仏知見《ぶっちけん》〉を得られたのです。

その時、次のように仰せられたといいます。

『奇なるかな。奇なるかな。一切衆生ことごとくみな、如来の智慧《ちえ》・徳相を具有す。ただ妄想《もうぞう》・執着あるを以《もっ》ての故《ゆえ》に証得せず』

前半の意味は、『不思議だ。不思議だ。一切衆生はみな、仏と同じ智慧と徳のすがたをそなえている』ということになります。

すなわち、仏の眼によって世界をご覧になると、何もかも一変してしまったのです。人間はもとより、あらゆる動物も、植物も、みんな仏と同じように尊い、光り輝く存在に見えてきたのです。

不思議だ……と釈尊はおもわずつぶやかれたのでしょうが、それは怪しむ意味の『不思議だ』ではなく、すべての存在の実相を見極められた大いなる喜びに満ちた『不思議だ』だったに違いありません」

開祖さまは、釈尊成道の瞬間について、ご著書『仏教のいのち法華経』で、このように述べられています。

悟りを開かれ、仏となられた瞬間、お釈迦さまの眼には、あらゆるものが光り輝く存在に見えたということ、それは「仏になる」とは、「あらゆるものが、光っているように見える」ということではないでしょうか。

つまり、人や出合いのなかに、光り輝くものを見つけ出す、本来光っているものを、光っていると見ることのできる眼を持つこと、それが仏になることだと、開祖さまは教えてくださっていたのです。

そういう眼で世の中を見ると、どんな世界が見えてくるのでしょう。それは、すべてが尊く、だれもが仏さまに見え、どんなことに出合ってもひるまず、必ず自分を生かす道だと信じ、安心して生きられる世界です。

本質においては金色《こんじき》に光り輝くような美しい世界なのに、心のレンズにいっぱい汚れがついているために、それを通してみる世界が汚れてみえるだけのことです。ですから、心の汚れをすっかり拭《ぬぐ》いさってしまえば、この世はこのままで寂光土《じゃっこうど》にかわるのであって、法華経の教えの神髄はこのところにあるといってもいいでしょう。

（『新釈』2　P85）

2　生かされて生きる……縁起《えんぎ》

因果の道理を「なるほど」と胸の底から悟るところまでいかなくてはなりません。そこにある真理を悟らなければほんとうに救われたとは言えないのです。

（『法選』3　P469）

開祖さまは、「法華経というのは因縁《いんねん》を悟ること」であり、「因縁ということが本当に分からないと、仏教というものが光を発しない」とおっしゃっていました。

因縁を悟る、それも「仏教が光を発するように悟る」とはどのようなことなのでしょう。

開祖さまが、ある教会の周年記念式典に出席されたときのことです。控え室でお茶をお出ししようとした青年女子部の方が、緊張と慣れない和服のためでしょうか、テーブルの上にお茶をこぼしてしまいました。

その場に居合わせただれもが、アッと息をのんだそのときです。開祖さまは「ほら、見てごらん。こぼれたお茶が末広がりになっている。今日を機に、教えがますます広がっていくという印《しるし》だよ。仏さまが喜んでいなさる。有り難いことだ。おめでたいことだ」と、にこやかにおっしゃったのです。

そのお言葉を聞き、緊張していた皆の心がほっとしました。と同時に、今日というおめでたい日を共に迎えられたことを、心から有り難く思えました。女子部員さんの心を大事にし、失敗のように見えることからも喜びを見いだし、すべてを生かしてくださる開祖さまの見る眼、そしてそのお心にふれ、その場が一転してあたたかく、和《なご》やかになりました。

とらわれのない目でものごとを見れば、変化がよく見える。その変化に素直にしたがうのが、正しい生きかたである。（『新釈』7　P101）

開祖さまは一瞬の出来事のなかで、なぜとっさに、あのような、まわりが嬉しくなるあたたかいひと言が言えるのでしょうか。それは単に、そういうお人柄であったというだけではありません。すべての縁ある人を、生かそう、目覚めさせようという「仏さまの願い」を、いつもご自分の生き方の中心にしていらっしゃったからです。

私たちは「すべての人を生かそう」としている仏さまの願いを、「縁」によって知ることができます。「縁」とは私たちの周囲で起こるすべての出来事、すべての人たちのことです。開祖さまは、常に目の前の人を喜ばせようという慈悲の眼で見て、すべての縁を生かす智慧《ちえ》のはたらきをすることで仏さまの願いを実現し、そのあたたかさで周囲を照らしてくださいました。

それでは、私たちが開祖さまのような慈悲と智慧の持ち主になるには、縁をどのように見ればよいのでしょうか。

「善因善果、悪因悪果」といわれるように、人間は、自分が行なったことに左右されるものであります。ところが仏さまのほうから見ると、「善因善果、悪因悪果」というのは、自分の心の色がそこに現われているのです。その心の色さえ直せば、お釈迦さまが「我と等しくして異なることなかれ」と言われるように、仏さまと同じように後光《ごこう》が差すようになって、何の心配もない、安らぎが得られる、そういう境地になれるのです。

（S48・9・23　普門館）

私たちは、分かっていても、そう簡単に自分の心を変えたり、行ないを改めることができないものです。また、どんなに努力しても変わらない、変えられないことにもぶつかります。そんなとき、どうすればよいのでしょう。

そのお母さんには、二人の息子がいます。長男は人工透析を受けています。二男には恋人がいますが、家には連れて来ようとしません。

〈幸せになりたい、そう願って信仰をし、そのためにお役もさせて頂いてきた。けれど、長男の病気はよくならないし、二男は彼女を連れて来ない。どうしてこんなに心の通わない家族になってしまったのだろう。いったいいつまで修行すれば、わが家は救われるのだろう〉

母親はあるとき、法座でそんな悩みを打ち明けました。すると、こんな言葉を頂きました。

「昔なら助からないような病気でも、医学が進歩したお陰さまで、いま長男さんは生きることができる。二男さんは、きっとお兄さんに遠慮して、恋人を連れて来ないのですね。やさしい息子さんね。そんな幸せな、素晴らしい息子さんたちを育ててきた、あなたは素晴らしい母親なのね。いいご家庭ですね」

本当にその通りだと思いました。母親の目に涙があふれ、心があたたかいものでいっぱいになりました。そしてその晩、嬉しい思いを手紙に書き、息子たちに渡しました。

翌日、「母さん、手紙ありがとう。本当に嬉しかったよ」と、息子からかけられたそのひと言で、しみじみと幸せを感じました。

「生まれさせてもらった」「生かさせてもらってる」――このことが本当にわかれば、自らしゃんとした仏性の開顕ができるんです。ごまかしのない、責任

ある人生を歩めるんです。

（『ほっしん』Ｈ２・７）

母親が感じたあたたかいものとは、何だったのでしょう。

長男の透析生活が終わることはないかもしれません。二男の恋人が家を訪れる日が来るかどうかも分かりません。けれども、この息子たちとの縁があったからこそ、自分自身も母親として生かされていた。息子の幸せを願うことで、いままでがんばって生きてくることができた。支え合い、生かされていたのです。

いまある「縁」によってこそ、生かされて生きていることを感じ取っていくこと、それが開祖さまの感動された縁起の教え、縁起の世界です。それは法華経の見方です。因縁をこのように悟ると、仏さまの教えが光を発するのではないでしょうか。

仏教の教えというものは、詮《せん》じ詰めれば、天地すべてのものに支えられているという実相《じっそう》、目に見えないものにも生かされているという実相を、われわれにわからせるためのものなのです。

（『躍進』 S54・4）

3 百パーセント救われる……法華経《ほけきょう》

《法華経》は、こんな病気にはこの薬、こんな症状にはこの療法といった個々の対症療法ではなく、あらゆる病気を根こそぎ治し、あらゆる人間を完全な健康体にする根本療法ともいうべきものなのであります。

（『新釈』5　P275）

開祖さまは法華経に出遇ったとき、「法華経こそ、すべての人を百パーセント救うことのできる教えだ」と感激されました。それは「素直に法華経を読みさえすれば、必ずすべての人が救われるようになっている」ということを実感されたからです。

素直に法華経を読むとは、どういうことでしょうか。百パーセント救われるために、私たちは法華経をどう学び、どう実践していけばよいのでしょうか。救われるとは、どういうことなのでしょうか。それは単に、修行すれば問題を解決できるとか、精進《しょうじん》すると願いが叶《かな》うということではないはずです。

新井先生から「一つの義《ぎ》（真理とか正しい道理）から百千万の義が生じ、また、それを凝縮《ぎょうしゅく》すると一に帰《き》する」という解説をうかがって、私は初めて気づいたのだった。それまでバラバラに勉強してきたことが、「無量義《むりょうぎ》とは一法《いっぽう》より生《しょう》ず」（無量義経説法品）とあるように一つにまとまり、すべては仏性開顕《ぶっしょうかいけん》のための手だてとなることを知ったのであった。そのときの喜びは、まさに筆舌《ひつぜつ》に尽くしがたいものだった。

（『この道』　Ｐ３８）

仏教の基本は「世の中のすべてのものごとは、『因』と『縁』の出合いによって存在する」という縁起の教えです。つまり、何か起きたときには、その出来事を直視し、原因を探求し、それを乗り越えていくことで苦から離れられるというものです。ですから「幸せになりたければ、悪をなさず、よき因となり、よき縁となればいい」という教えなのです。

けれども、そう教えられたからといって、すべての人がすぐに自分の行動を変えることができるでしょうか。私たちは自分自身の行動、心さえも、思い通りにできないというのが現実です。そうだとすれば、幸せになれるのは、特別に強い意志を持った、ひと握りの人だけということになってしまいます。それでは百パーセントの救われにはなりません。

開祖さまは、このようにおっしゃっています。

「お釈迦さまも、菩提樹下《ぼだいじゅげ》で悟りを開かれたとき、世の中は因縁によって成り立っているということを悟られた。だけど、その因縁をどう解決するのかという本当の悟りの境地は、法華経に入ってから分かったんですよ。だから法華経が分かればみんな分かるんですよ」

このお言葉にあるように、私たちは、百パーセント救われる、本当の法華経の見方を身につけることが大切です。

声聞《しょうもん》と縁覚《えんがく》は、自分自身の人格の完成もしくは人生苦からの解脱《げだつ》を求める人びとでした。それを望み、そのために努力することは、人間としてまことにりっぱなことです。しかし、地球上のすべての人間がそのような境地を完成できるかどうか……、実際問題として、不可能に近いといわなければなりますまい。

（『新釈』8　P24）

善因善果・悪因悪果という因果説のなかで、開祖さまが見ていらしたのは、いつも「善因善果」でした。法華経に出遇ったことで、根本仏教の教えを一歩進めて「常にまわりの人をよい因・よい縁と見る」という「善因善果」を選ばれたのです。それが因果説を法華経の智慧で生かすことであり、すべての人が百パーセント救われる法華経の縁起観です。

〈平等大慧《びょうどうだいえ》〉というのは、諸法実相《しょほうじっそう》を悟る智慧であり、すべての衆生はひとしく仏となることができると見とおす智慧であります。法華経は、その平等大慧にもとづく教えであり、その平等大慧を教える法門にほかならないのです。

(『新釈』5　P299)

「法華経ですべての人が百パーセント救われる」というのは、出合うことすべてを幸せの因《もと》と見ることです。人は皆幸せになるために生きている、と信じることが法華経の見方だからです。このような見方をすることで、私たちは幸せに気づき、本当の喜びを得ることができます。だからこそ、法華経の教えで救われるといえるのです。

「出合う縁によって、自分がいつも幸せになる道を歩んでいる」と信じることが、救われの第一歩です。それを毎日の生活を通して、確認していけばよいのです。信仰をしないと救われない、というのではありません。救われていることに気がついていないだけで、みんな救われているのです。救われることに決まっているのです。ですから大切なのは、出合うすべてのことを常に幸せの因と見る訓練をすることなのです。

それをそのまま信じていらしたのが、開祖さまです。

仏教の本当の悟りは「一切衆生悉有仏性《いっさいしゅじょうしつうぶっしょう》」を真底から信ずることにほかなりません。すべてはそこから出発します。

（『法選』別　P64）

気づきは、人とのふれ合いのなかにこそ生まれます。

あるご夫婦が、たまたま同じ日に腕を骨折してしまいました。夫は勤めに行くことができないし、自分は家事もお役もできない。落胆する奥さんにこんな言葉が贈られました。

「ご夫婦が一緒に骨折したからこそ、痛みや辛《つら》さを理解できて、お互いを思いやれる。心を通わせるいい機会ですね。きっと仲のよいご夫婦なんですね」

自分たちの何が悪くて、こんなよくないことが起きたのかと思うと、相談することすらためらわれ、不安な気持ちでした。けれども、夫と心を通わせる機会だと言われ、そう思えたら心がほっとあたたかくなり、嬉しくなりました。

私たちはつい、悪いことにとらわれて苦しみ、それを直すことで幸せになれると思ってしまいます。けれども、それでは百パーセントの救われにはなりません。直すことを目的にすると、難しくなってしまうのです。

諸法実相を悟った立場から人間の本質をみますと、それはとりもなおさず仏性でありますから、すべての教えは、自分のなかの仏性に目ざめ、他のすべての人のなかに仏性を見いだし自覚させ、それを開発してゆくというただ一事に帰するわけです。

（『新釈』5　P302）

いろいろな現象は、すべて私たちが幸せになるために、必要あって出てくる仏さまのプレゼントです。そう信じてみると、日々のあらゆる出合いのなかに、私たちを生かそう、幸せにしようとする仏さまの願いを感じ取ることができるはずです。

そして、どう生かそうとしているのか、目を凝《こ》らして見つけ出す努力をしてみるのです。それが分かったとき、私たちはすでに救いのなかに生きているのだと気づき、喜びの世界が展開していくのです。

法華経の世界は、喜ぶ世界です。喜びを発見し、仏さまのはからいと見ている自分にふさわしく、救われの世界が時間も空間をも超えて展開するのです。そんな世界を体験したいと思いませんか。

救いというものは、われわれと、いついかなるときでも共にいてくださる久遠《くおん》実成《じつじょう》の本仏を、われわれが確固《かっこ》として自覚するところに生まれます。自分はそ

の仏さまに生かされているのだということを、心の底から悟るところに、ほんとうの救いがあるのです。なぜならば、そうした確固たる自覚があってこそ、はじめて深い心の安らぎが得られるからです。と同時に、いうことなすことがひとりでに仏さまのみ心すなわち真理と一致してくるからです。

（『新釈』9　P11）

4　ありのままに観《み》る……実相《じっそう》

仏さまの智慧とは、ものごとをありのままに見る智慧といってもいいでしょう。ありのままとは、そのものの本質を見るということ、変化し移り変わるものごとにとらわれず、そのものの本質、すなわち実相を見ることです。全体を正しく見る目、一方に片寄らない目ということでもあります。

（『三霊山瞑想』Ｐ14）

開祖さまはよく「ありのままでいいんだよ」と、おっしゃっていました。ありのままでいいというのは、「辛くても、いまの状況をそのまま受け入れなさい」ということではなく、また「何もしなくても、そのままでいい」ということでもありません。それは、「仏さまのような智慧の眼で見れば、目の前にいる人や起こる出来事の奥に、必ず仏さまのはたらきを見つけ出すことができる」ということです。

仏さまの目から見れば寂光土《じゃっこうど》でないところはないのです。それなのに、われわれは無明《むみょう》（根本的な無智《むち》）によって見るために、迷いと汚《けが》れに満ちた国土に見えるわけです。ですから、この世を寂光土化するというのは、つまるところ、人間のものの見かた考えかたを変えればよいわけです。

（『新釈』5　P313）

人はそれぞれ、自分なりの「ものさし」を持っています。ですから、ものごとの見方、受けとめ方は千差万別です。そのとき基準にしているのは、ほとんどの場合、善悪や損得、自分の都合や好き嫌いといった世間的な常識や、自己流の考え方です。

けれども、開祖さまのおっしゃる仏さまの智慧の眼で見るとどうでしょう。

煩悩《ぼんのう》を去るということにとらわれず、かえってその煩悩を活用してよい方向へ向けることによって、世の中をいきいきと活動させ、その活動のなかに調和をつくろうというのが、仏の智慧であります。

（『法選』別　P86）

若いお母さんがいました。よき嫁、よき妻、よき母親であろうと、理想を持ち、自分なりにいつも努力していました。けれども体の弱い子どもを授かり、いつも自分がいちばん困るときに、その子が体調を崩すのです。

〈こんなに努力しているのに、どうして……。まわりはどう見ているだろう〉

そんな思いが頭をかすめます。そして何よりも、この子はこの先長く生きられるのだろうかと、いつも不安でいっぱいでした。

そんなとき、また子どもが高熱を出しました。母親は、親不孝を懺悔《さんげ》すればよいのだろうかと思いました。けれども、自分は一生懸命に親孝行してきたつもりなので、どうしても思いあたりません。どうにもならず、思いあまって開祖さまにお聞きしました。

「どうしたら子どもが熱を出さなくなるでしょうか」

すると開祖さまは、「どれどれ、かしてごらん」と、母親の腕から赤ちゃんを抱き取り、「そうかそうか、いい子だね。こうやって親を成長させて」と、やさしく頭をなでながら、しばらく赤ちゃんを抱いてくださいました。

そして「親が育ててくれたご恩が分かるだろう」と、おっしゃいました。

それだけでした。

本仏を信じてその教えを実践しようとする人は、見聞することと経験することのすべての中に、本仏の姿を見、その説法を聞くことができるのです。

（『法選』別　P51）

すべてあるが儘《まま》の姿で、現在の力を最大限に発揮することが諸法実相であると存じます。

（『交成』　S28・8）

母親は、どんな厳しい言葉を頂いても、子どもがよくなるためなら、という一心でお聞きしたので、少し拍子抜けするような思いでした。それでも、そのときは「そうか。親というのは、いろいろ苦労しながら育ててくださったんだ」と思いました。けれども、そう思えただけで、子どもの熱はちっとも下がりません。それからもその子を抱えて病院に駆け込むことのくり返しでした。

もしあらゆる人間が仏さまのような完全な智慧の眼でものごとをありのままに見ることができれば、この世はこのままで寂光土となるわけです。

（『新釈』5　P314）

けれども、そういうことをくり返しているうちに、だんだんに分かってきたことがありました。

〈たとえお医者さまの隣に寝ていても、助からないときは助からない。それならば親としていまこの子を一生懸命心配して、大切に育てさせて頂こう。とにかく愛情と真心で育て、自分自身が仏さまの願いに沿うように毎日を生きていこう。それでいい。私にできることはそれだけだ〉

私たちは、苦を解決することが信仰だと思っていました。最初から、苦はいけないものという前提でスタートしていました。ものごとは思い通りに運ばないことのほうが多いでしょうから、「こうあらねばならない、こうあってほしい」と思うと、苦しみが増すばかりです。
けれども開祖さまは、その苦しみは仏さまのメッセージだから、そこから悟っていくんだよ、と教えてくださったのです。

〈仏眼《ぶつげん》〉というのは、あらゆるものの見かたを総合した見かたです。宇宙間のすべてのものごとの実相を、ただたんに明らかに見とおすというだけでなく、慈悲の心をもってそれを見るのです。

（『新釈』4　P40）

仏さまの智慧とは、ありのままを見通す智慧です。そして、ありのままを生かす智慧です。嬉しいことのなかばかりではなく、辛い出来事のなかにも仏さまの慈悲のはたらきを発見できたら、いまが価値あるものとなります。そこに幸せになる秘訣《ひけつ》が隠れているような気がしてなりません。

仏さまのはたらきを見つけ出すのは難しいことかもしれません。けれども、常にそう見ようと心のアンテナを張り、いまを最大限に喜ぶ努力をし続けることで、智慧が磨かれるのです。いまを最大限に生かす智慧を磨くこと、それが私たちの生きる目的なのです。

いちばん大切なのは、〝観《み》る眼《め》〟なのですね。この現代の世界、日本という国に、極楽となりうる可能性も、地獄と化してしまう可能性も具《そな》わっているのです。そのどちらを見、どちらを発現させていくか、それが、その〝観方《みかた》〟にかかっていると言っていいでしょう。観世音菩薩《かんぜおんぼさつ》は、この世のすべての〝音を観《み》られる力〟を具《そな》えているといわれますが、この「観《み》る」とは、心を観《み》ること、

本質を見とおすことなのです。この世界の本当の姿を観《み》ようと努力するその努力の中に、この世界を極楽浄土とするカギがひそんでいると言っていいのです。

（『躍進』 S53・1）

5 いまのなかに見つける……功徳《くどく》

法華経は功徳の塊《かたまり》です。どこを読んでも功徳ばかりです。だから、しっかり読んで、素直に行ずれば、功徳が頂けないはずはないのです。

（『法選』別　P120）

「大丈夫。みんな仏さまのおはからいなんだよ」――開祖さまのこのお言葉に、私はいままでどれだけ支えられてきたことでしょう。

私の息子は、生まれたばかりの頃から、顔に湿疹《しっしん》がありました。普段はとても機嫌のいい赤ちゃんなのに、眠くなって泣くと体温が上がり、かゆみがひどくなって、夜も眠れないのです。

顔をかきむしってしまわないように、この子が少しでも眠れるようにと、私は毎晩息子を抱いて、ソファに座ったまま朝まで過ごしました。

それが何か月も続き、いろいろ手は尽くしているのに、湿疹はよくなるどころか顔じゅうに広がり、四か月を過ぎた頃、きれいな皮膚が残っているのは鼻の頭だけでした。一人になって腕の中にいる息子の顔を見ていると、こんな状態がいつまで続くのかと、かわいそうで、悲しくて、涙がこぼれました。

ところがあるとき、ふと思いました。

〈もしこの湿疹がなかったら、今頃どうだっただろう。四番目の子で手がかからないだろうから、私はきっと平気で家に預けてお役に出かけてしまい、あまり抱っこもされないままで成長してしまったかもしれない〉

心が変わったのに、人生が変わらないということが、ありうるはずはありません。かならず変わります。この〈信仰によって心境が変わり、心境が変わることによって人生が変わる〉ことを、功徳というのです。ですから、信仰にはかならず功徳があるわけです。

（『新釈』7　P173）

そう思うと、いま、こうして抱っこしていられる時間が、仏さまが私たち親子のためにくださった宝物のように思えてきました。

気がついてみると、上の三人の娘たちは、湿疹で真っ赤な顔をした弟なのに、いつもまわりに寄ってきて、「かわいいね」とあやしたり、抱っこしてくれます。

主人や両親も、「きっとよくなるよ」「昨日よりいいんじゃない？」と、ずっと私を支え、励ましてくれていました。

私は心の底があたたかくなり、しみじみと幸せを感じました。

もしあのとき、何が悪かったのだろうと考え、治すことにとらわれていたら、家族一人ひとりのあたたかい気持ちにも気づかず、いまある幸せを味わうことができなかったかもしれません。

開祖さまは、「幸せというのはどこかにあるものを追い求めて得られるのではなく、いま自分がいるその場所で見つけ出すもの、気づくものです」と、おっしゃっていました。

問題を否定したり、直そうとするのではなく、そのままを喜ぶこと、それが「本質的な救われ」です。そのままのなかに、いつも喜びを見つけ出すことができれば、むしろ、問題に出合うことで幸せを実感できます。つまり、ものごとの見方一つで、その見方に見合った豊かな人生が展開するのです。

開祖さまのおっしゃっていたことが、よみがえってきました。「どんなことも、すべて仏さまのおはからい」。それが信じられたら、心からそう思えたら、私たちはどれほどたくさんの幸せを見つけられることでしょう。どんな現象も、そこに仏さまのはたらきを見つけ出すことができれば、悩みすらが皆、功徳になるのです。

あるときふと気づくと、息子の湿疹は、ほとんど気にならないほどに消えていました。

何も変わったことのないのが功徳である場合が多いのです。その功徳を感じとるのが、真の信仰者というものです。

(『法選』別　P119)

病気が治ること、また病気にならないことも功徳です。けれど、いまあるそのままのなかにこそ、本当の宝物があるのです。

6　すべてを生かす……自覚《じかく》

私が法華経のとうといと思うところは、〈すべてのものを生かす〉という、この論理なんです。

（『ほっしん』　H2・7）

開祖さまは、困難な問題にぶつかると「これはますます面白くなってきたぞ」と、やる気が湧いてきたそうです。

辛い出来事や人間関係に苦しむとき、私たちはつい「自分の何が悪かったのだろう。なぜこんな思いをしなければならないのだろう」と考えてしまいます。すべては、仏さまが私たちを幸せに生かしてくださるためのはからいだと知っているはずなのに、です。

もちろん、ものごとには必ずそうなるための理由があります。けれども、仏さまと私たちでは、問題を見る観点が違います。つまり、仏さまの見方と私たちの見方は、一見ほんの少しの違いですが、その少しの違いで、見えてくる世界、展開する世界は全く違ってしまうのです。

それが善知識なんだとお釈迦さまは言っている。自分と正反対の者を善知識だ、最も大事な友だちだと言っているわけだ。その見方ですよ。その見方が発想の転換というんですよ。それを教えているのが法華経なんです。（『法選』4 P146）

辛い出来事や、いやな人に出会ったとき、その原因を見つめて自分を反省し、変えていこうとするのは大切なことです。けれども、それは時間もかかるし、喜びや生きていく力にはなりにくいものです。

今の世の中の人びとを良し悪しをいったら気に入らんことばかりで、ちっとも自分のためになるようなものがないということになってしまう。ところが、それがみんな味方だという見方をして、みんな生かしていこうというのが仏さまなんだ。悪人も善人もみんな幸せにしなくてはならないわけでしょ。その考え方が法華経の偉大さですよ。

（『法選』4　P146）

借金の保証人になったばかりに、返済できなくなった知人に代わって、自分が借金を背負い込んでしまった男性がいました。〈自分にも責任があるのだからと思って頭を下げて回っているけれど、この先いったいどうしたらいいのか〉と悩んでいました。

それが、開祖さまのひと言で、気持ちがガラリと転換しました。

「あなたはいいことをさせてもらったんだ。功徳を積ませてもらって有り難いと思えばいい。たとえ借金のためであっても、人さまに頭を下げるのは、相手を尊び、仏性を礼拝する菩薩の行ないなんだよ。だからその借金は、仏さまになるためのご縁だと思って安心していればいい」

屈辱としか思えなかったことも、それが仏道を歩んでいることなのだと心を転換できたとき、その男性は頭を下げること自体に価値を見いだすことができました。すると、これまで苦であったことが、そのままで「私が仏になるための行《ぎょう》ならば、喜んでできる」と、思えたのでした。

自分は人に頭を下げることが足りないから、そのマイナスを補うために頭を下げる修行をするのだ、と思っていてはもったいないのです。

すべてを生かそうという仏さまの眼で見ると、それは菩薩行という目的に導くためだったのです。仏さまの世界の見方とは、問題が起きた理由を見るのではなく目的として見ることなのです。

今、こうして生かされて生きている自分というものの価値を自覚し、その価値に恥じることのないよう、精いっぱい生きていきたいものです。

（『三霊山瞑想』 P23）

いま行なっていることの本当の価値を自覚しさえすれば、いままで「苦」だと思っていた問題も、幸せになるために必要な課題であり、仏さまのはからいに変わります。

私たちは幸せになるために生まれてきました。「仏性」という、幸せになる切符を持って生まれてきたのです。仏さまと同じ心を持つ私たちが、それを自覚して発揮する。そして、あたたかい心を通い合わせる。そのためにいろいろな人と出会い、いろいろなことが起こるのです。

いま、ここに生かされている自分の価値を自覚することができたとき、私たちは本当の幸せに気づき、幸せを味わうことができます。そして、豊かで前向きな生き方ができるようになるのです。

7 心を開く……開示悟入《かいじごにゅう》

仏がこの世に出現されるのは、ただひとつの目的すなわち「衆生のすべてに『自分も仏になれるのだ』という悟りを得させるため」なのです。

『仏の智慧』を得させるため」、いいかえれば「衆生のすべてに

（『法解』P109）

開祖さまは「仏さまの出世《しゅっせ》の一大事因縁《いちだいじいんねん》は、みんなを仏道に引き入れ、仏にすることです」と、おっしゃっていました。そのためにはまず、心を開くことです。

私たちは、人さまの悩みを聞かせて頂くときに、ややもすると、その人の心の内を聞く前に悩みの原因が見えてしまうことがあります。するとすぐにでも悩みを解決してあげたくて、「こうしたら」「ああしたら」と、それまでの経験をもとに、その原因を取り除くためのアドバイスをしてしまいます。

それは相手を思う気持ちであり、また常識的には正しいことかもしれません。けれども、いくら正しいこと、変えるべきことであっても、それを先に持ち出してしまうと、相手の心を開くことはできません。分かっていてもできないから苦しんでいるのです。

いつの時代にもあるような問題、現代の社会に共通する現象、また以前に聞いたことのある悩みかもしれません。けれども悩んでいる人にとっては切実な問題です。

たとえ同じように見える問題でも、それが起きてきた背景は一人ひとり違います。その悩みを、その人一人の辛さとして本当に共感できるのか。そのとき、その人にいちばんふさわしいふれ合いができるのか。そこがポイントです。

いま目の前にいる人の心を開くには、相手の思いをそのまま共感していくことです。自分の思いを本当に受け入れてもらったと思えたとき、人の心は開くものです。すると、今度はどんな言葉も受け入れてくれるようになるのです。

仏性開顕といっても、なにもむずかしいことではありません。（中略）子どもが病気をすれば、すぐ手を差し伸べる、人が困っていれば、自分のことのように心配してあげる……、そんなことが、ごく自然に出来るようになることが、仏性開顕の意味にほかならないのです。

（『佼成』S51・10）

仏さまの教えは、仏性を開いて仏になることです。出会った人の仏性を発見し、認めて、拝めばいいのです。そうすると、相手は自分の仏性に気づき、自分の尊さを自覚し、自然と仏さまの道を歩むようになるのです。

私が中学生の頃です。疲れが溜《た》まったせいか、母が体調を崩して入院し、退院後も家で休んでいる日が続きました。そんな母を心配して、よくしてあげようとアドバイスをくださる方、心得違いを教えてくださる方、叱咤《しった》激励してくださる方、いろいろな方がいました。〈早くよくならなくては〉と母は焦《あせ》るのに、体は思うように回復しません。

そんなある晩、「お見舞いに来たよ」と、開祖さまがわざわざ二階の部屋まで上がってきてくださいました。そして、「よくがんばったね。よくがんばったね」と、ただそう言いながら、母の背中をさすってくださったそうです。

そのとき母は、人が辛いとき、開祖さまのようにあたたかい言葉をかけてあげられるやさしい人間になりたいと、心から思ったそうです。

人びとの苦しみ、悩み、喜びを肌に感じて知っていなければ人びとに密着した法を説くことはできません。

（『佼成』S39・9）

いちばん大事なのは、人さまの心、つまり喜びや悲しみがよく分かる心ではないかと思うのです。

全国の壮年部員の指導会で、ある方が開祖さまに質問しました。

「開祖さま、私は現在の支店に転勤して、もう十年以上にもなります。マンネリということでもないのですが、そろそろ新天地で自分の力を試してみたいと思うのです。毎年、異動の季節が来ると、今年こそと辞令が出るのを待つのですが、いつも私の名前は呼ばれません。私の心の持ち方を教えてください」

開祖さまはにこやかに答えられました。

「ほう、それはよかったじゃないですか。一つの場所に腰をすえて、しっかりと仕事をさせて頂こうと思うから、その功徳にもあずかれるのです。もう、そこに骨をうずめようと、すっかり心を決めてしまったらどうですか」

すると、違う方が手を挙げ、質問しました。

「開祖さま、私は現在の職場で二年目を迎えます。これまで、なぜか二、三年ごとに赴任地が転々と変わり、さあこれからというときに異動の辞令を頂くのです。私はどう思えばよいのでしょう」

開祖さまは、ほほえみながら答えられました。

「ほう、それはよかったじゃないですか。いつ異動になるかもしれないからこそ、悔いのないよう、一日一日、本当に中身のある仕事をさせて頂こうと思えるのです。異動時期には、いつでもどうぞと言えるくらい、日々真剣に仕事に打ち込んでください」

お言葉だけを聞くと、開祖さまのおっしゃることはまるで矛盾しているかのようです。けれどもそれは、一人ひとりの悩む心を深く理解し、共感するからこそで、目の前のこの人に幸せになる道を歩んでもらいたい、仏さまの世界に導きたいと願う智慧の言葉なのです。その奥に深い慈悲の心があることを感じずにはいられません。

まずはとらわれをはずし、心を開くことです。自分をそのまま認めてくれる人の言葉に、人は心を開くのです。そして、相手の心を開こうと努力しているとき、自分の心も開いているのです。

〈開《かい》〉というのは、まず人びとの目をひらかせることです。（中略）なにに目をひらかせるかといえば、〈すべての人間に仏性がある〉という真実にたいしてです。

（『新釈』8　P109）

開祖さまのトレードマークは、その開かれた心と笑顔であるというのは、日本国内はもちろんのこと、海外でも開祖さまに出会ったすべての方々の認めるところです。

その開祖さまの笑顔を「嬉しくて笑っているとか、楽しくて笑っているというのではない、魂から湧き出る笑顔です。開祖さまの魂がもう、笑顔なんです」と、おっしゃった方がいました。本当にその通りだと思いました。

開祖さまのお姿を思い浮かべるとき、それがたとえどんなときでも、後で思い出すと、いつでも笑顔でいらっしゃった印象が残っています。

どうしていつも笑顔でいられるのか、とよく聞かれるけれど、笑顔の秘けつなんてないんでね。笑顔が実相なんです。仏さまというのは笑顔なんですね。

（『ただひたすらに』 P35）

開祖さまの笑顔は、単なるトレードマークではありません。開祖さまのあのあたたかい笑顔で、私たち皆が心を開いて頂きました。心を開いて頂いた私たちが、今度はまわりの方の心を開くような笑顔と言葉で、あたたかさを伝えていく番です。

笑顔は開祖さまだけの特徴というのではなく、今度は私たち佼成会員の特徴にしていくことが大切なのです。

仏さまがこの法華経でお説きになられたのはどういうことでしょうか。その要

点は、〈あらゆる人を救いたい〉ということ〈この法を聞く人はいかなる人も必ず救われる〉という大宣言であります。この仏さまの願い、慈悲というものをしっかり受けとめることが大事です。

（『三霊山瞑想』 P14）

開祖さまは、どなたに会っても臆《おく》することなく、また偉ぶることもありませんでした。いつもご自分から心を開き、相手を受け入れ、相手から学ばれました。

開祖さまのように開かれた心にこそ、真理の教えは流れ込んでいきます。

私たちも、開祖さまに倣って、開かれた心を持ちたいものです。

8 仏の慈悲を知る……本願《ほんがん》

「毎《つね》に自《みずか》ら是《こ》の念《ねん》を作《な》す　何《なに》を以《もっ》てか衆生《しゅじょう》をして　無上道《むじょうどう》に入《い》り　速《すみや》かに仏身《ぶっしん》を成就《じょうじゅ》することを得《え》せしめんと」。仏さまが娑婆世界に姿を現わされるのは、どうしたらみんなを仏の道に導き入れることができるか、どうしたら早く仏と同じ心境にさせることができるか——その願いをかなえるためなのです。仏さまのご本願がここにあるのです。

（『三霊山瞑想』　P63）

開祖さまは、「私たちのまわりには、いつも仏さまがいらっしゃることを自覚し、そのお慈悲を素直に受け、仏さまのみ心に沿って実践しなければならない」と、おっしゃいました。

方便品《ほうべんぽん》には、仏さまはすべての人を自分と同じ迷いのない仏の境地に導きたい、私たちを安心して一生を送れる幸せな境地にしてあげたいという誓願《せいがん》を立てられた、と説かれています。

また、如来寿量品《にょらいじゅりょうほん》には、仏さまは、私たちが何ができて何ができなかったのか、どんな苦しみを抱え、それをどう乗り越えようとしているのかをすべて分かったうえで、常にちょうどいい出来事をメッセージとして送っているのだ、と説かれています。そして、少しでも早く、苦労せずに真っ直ぐに仏の境地になれるよう、さまざまな出合いを用意してくださっているというのです。


佼成会に入ったのは、青年部活動とか、壮年部活動のためじゃないんです。一

番の願うところ、本願は、仏になりたい、成仏したいということなんです。

（S60・11・15　大聖堂）

一九八六年四月、ウクライナにあったチェルノブイリ原子力発電所が爆発するという大事故が起きました。大量の放射能が各地に広がり、日本でも、野菜や水、母乳などから放射能が検出されました。

連日報道されるニュースに、私の母は不安のあまり「私たちは、この先どうなるのでしょう。生きていけるでしょうか。どうしたらいいんでしょう」と開祖さまにお聞きしました。

すると開祖さまは即座に「何も心配することはない。私たちは、ただひたすら、仏道精進をしていけばいいんだよ。仏道精進あるのみだよ」と、お答えくださったそうです。

原発事故のような、どうすることもできない大惨事に遭ったとき、人間の目にはそこにどんな意味も見いだせず、絶望してしまいそうになります。

そんなときに開祖さまは、それでも仏さまの本願を信じ、そこにしっかりと焦点を合わせ、決してぶれることなく生きていくことが大切だと言い切ってくださったのです。それこそが本当に、「本仏の願いを受けとめる」ということなのではないでしょうか。

仏道修行の一番肝心要《かんじんかなめ》のことは「生老病死を度《ど》す」ということであります。自分が生まれたことからはじまって、生身《なまみ》の体《からだ》であれば病《や》むこともあります。一年一年歳《とし》をとって、最後には死なねばなりません。（中略）「生」あるものは「死す」という、絶対に自分から離《はな》れることのない問題を、けっして誰にも責任を持っていかずに解決しておかねばならないというので、仏様は「度

す」――苦難《くなん》の橋をのり超《こ》える――という言葉をつかっておられるのです。

（『佼成』Ｓ41・4）

人は本来皆、仏さまと同じ心を持っていて、それを発揮するために生きています。仏さまは、私たちを生かそう、生かそうとして、出合いをくださっているのです。それなのに、私たちはつい表面的な善悪にとらわれ、目の前に起こる現象にふり回されて生きています。けれども本当は、すべてがいまの私に必要なことなのです。

すべての出来事は、自分本来の仏性を輝かせるために必要で、まわりは自分が仏になるための、有り難い「縁」ばかりなのです。それがなければ、自分の仏性を輝かせることができない、大切な「はからい」なのです。すべてを仏さまのお慈悲だと信じることです。

仏さまのお慈悲を信じることによってこそ、仏さまの本願を本当に受けとめることができるようになるのです。

〈信〉が確立すれば、われわれのまわりをとりまいている迷い・煩悩の壁は、そのまま壁としてありながら、なきにひとしい素通《すどお》しのものとなってしまいます。したがって閉じこめられていた仏性は、本仏の慈悲に直接ふれ、本仏と溶《と》けあい、一体となってしまうのです。したがって、本仏の慈悲はわれわれのなかでフルにはたらくようになるのです。

（『新釈』6　P100）

9　一切のお手配……方便《ほうべん》

人間の心の悩みというものは、佛様が皆さんを本当の正法に入れるための方便であるという考え、そしてそれは佛様の深いお慈悲でもあるという風《ふう》に悟ることが大切であると思います。

（『交成』S30・3）

開祖さまは「立正佼成会の教えをひと言でいうと、どういう教えでしょうか」と尋ねられ、即座に「仏になること」と、お答えになりました。

あるご夫婦に、耳の聞こえない子どもが生まれました。母親は〈この子は仏さまからの授かりもの。愛情を持って育てるのが私の役目〉と受けとめていました。しかし父親は、〈なぜなのか……。この子をどう育てていけばいいのか〉と悩み、幹部さんにうかがいました。

すると「子どものことで悩むのは、あなたがかつてしてきた親不孝の懺悔《さんげ》ですよ」と言われました。たしかに若くして故郷を離れ、両親に心配をかけた親不孝者だと思いました。自分が親になったいま、やっと親の思いが理解でき、お詫びができる時が来たのかもしれません。理屈では分かりました。でも心から納得できません。どうしても心が重いままなのです。

真理は一つでも、それが生きた人間の上に働きだしてくるときには、いろいろな形をとります。それをピタリととらえるのが方便です。

（『法選』別　P133）

そこで開祖さまにうかがってみました。するとひと言、「その子を育てながら、夫婦で仏になればいいんだよ」。

開祖さまのこのひと言で、すっきりと目が覚めました。〈そうだ、この世に生きていく目的は、仏になること。この子を授かったことも含めて、生きている間に起こることすべてが、仏になるための縁だった〉と、父親は心の底から分かったのです。

まさに母親の受けとめたように、仏さまに頂いたこの子に愛情をかけて育てながら、自らが仏になるのです。仏になるのが目的なら、心を清らかにしなければいけません。そう思えたとき、幹部さんの言う通り、自分自身をふり返り、懺悔していくことが大切だと思えました。

因と縁によって仮に現われているものごとを〈方便〉とし、それを通してみなければ、真実を学ぶことはできません。

(『法選』別　P135)

開祖さまはその後にもうひと言、声をおかけになりました。

「理由は分からないけれども、その子を本当に幸せな気持ちにするように、真心を込めて育てなさい。そうすると必ず、だんだんに本当の理由が分かってくるよ」

その後も、耳が聞こえないためにいじめられたり、また、学校の選択や就職など課題はたくさんありましたが、問題に直面するたびに開祖さまの言葉を思い起こし、〈このことを通して仏になるんだ〉と心して取り組むことができたそうです。そして、その子は、両親の深い愛情によって一日も休むことなく学校へ通い、大学に進んで、いまは就職して、元気に働いています。

本仏はいつでも、私たち一切衆生が一刻も早く真実に目覚めて悟りを開き、安《あん》

穏《のん》の境地に到達するようにと、大慈大悲のみ心でつねに念じ続けておられるのです。

（『法選』別　P51）

耳の聞こえない子を授かった本当の理由とは、父親をはじめ、その子とふれ合うまわりの人すべてを幸せに導いていこうという〝仏さまのお手配〟だったということなのではないでしょうか。

そのとき、その場、その人にふさわしく真実へ導いてくれる縁、それが「方便」です。人生に起こることすべてが方便であるとすれば、それをすべて生かそうと努力することが、仏さまの願いの通りに生きることであり、真理へつながる道なのです。本当に仏さまの願いを理解したとき、目の前にあった問題を超えていくことができるのです。

私たちは、神仏に祈願をするとき「一切の御手配《おんてはい》賜《たまわ》りますよう偏《ひとえ》に願い上げ奉《たてまつ》る」と唱えます。一切の御手配とは、よいことも悪いこともすべてみ心のままに、という意味です。どんなことも、すべて仏さまのお手配と受け取らせていただきます、とお誓いしているのです。（中略）長い目で見ると神仏のお手配だったとわかるときがくるのです。

（『瀉瓶無遺』Ｐ２５９）

10 真理によって救われる……信仰《しんこう》

仏法は、どんな方法でもよいから目の前の苦悩・困難から人を救えばそれでよいというような、安っぽいものではありません。あくまでも、〈真理にもとづいて救う〉ものなのであります。

（『法選』別　P116）

開祖さまは、「法華経に説かれている真理」をそのまま信じていらっしゃいました。

私たちは「法華経に説かれていることは理想だけれど、現実はなかなか難しい。理想と現実は違う」と、つい分けて考えてしまいます。結局は自分の価値観とか、体験という「ものさし」を基準にして考えてしまうために、法華経の世界が見えないのです。見ようとしていないのです。

よいことをすれば、よいことが起こるという法則は、体験からも知っています。けれども、よい行ないをして少し状況が変わると喜び、困った問題が起こるとまた動揺してしまいます。「少し不安だけれど、それでも前よりはよくなっている」と、自分にも人にも言い聞かせ、ただそれをくり返すだけで、それが信仰だと思い込んでいるのではないでしょうか。でも、それだけではもったいないのです。

法華経の真理の世界は、根こそぎ救われる世界です。

立正佼成会の本尊は、過去も現在も未来も生きとおしておられるという、そしてありとあらゆるものを生かしている永遠の生命を具現した、久遠実成《くおんじつじょう》の釈迦《しゃか》

牟《む》尼《に》仏《ぶつ》ですが、その意味するところをよくよくかみしめていただきたいと思います。そこにぴたりと照準を合わせて信仰しなければなりません。

（『三霊山瞑想』 P140）

お導きや手どりが大好きで、いつも人さまのために走り回っている主任さんがいました。家にはもう何年も不登校を続けている娘さんがいましたが、「私は娘のためにお役をしているんだ。人さまのためにいいことをしていれば大丈夫」と、朝早くから夜遅くまで飛び回っていました。

ご指導を頂いて、何か一つ実践すると娘さんは学校に行き始めますが、またすぐ行かなくなる、そのくり返しでした。

自分はいいことをしているんだから、原因はほかにあるはずだと思い、夫を責《せ》めたこともありました。けれども、どんなに努力しても、いつになっても娘の不登校は直りません。そんな娘を憎く思うことさえありました。

いちばん安全なのは、神さま、仏さまに守っていただくことなのです。どうしたら神さま、仏さまに守っていただけるか。それには神仏のご守護をいただけるような境地にいつも自分がいる以外にないのです。

（『法選』4　P133）

あるとき、教会長さんが、その主任さんに聞きました。

「あなたの好きなことは何？」

「布教です！」

「じゃあ、嫌いなことは？」

「家の掃除です。あまりやっていません」

すると教会長さんは、こう言いました。

「好きなことだけやっているのなら、お嬢さんとお母さん、同じですね」

自分勝手に不登校している娘が、人さまのために菩薩行をしている自分と同じだというのです。

家に帰って、娘に「お母さんは母親として何点だと思う？」と聞いてみました。すると即座に「0点」という答えです。さすがにがっかりして、それからは少しでも点数を上げよう、いい母親になろうと、早く家に帰り、苦手な家事や娘のために、時間と心を使いました。「3点」「17点」「34点」と、娘さんは毎日少しずつ点数を上げてくれました。

そんなある日、娘に聞きました。「あなたは何点なの？」。すると娘は「お母さんと同じだよ。お母さんが0点の日は私も0点、17点の日は私も17点」と答えたのです。だめな子だと思っていた娘が、自分が尊敬している教会長さんと同じように「母娘《おやこ》が一緒だ」と思える、本当は素晴らしい感性の持ち主だったと気がつきました。〈この子はすごい子だなあ〉。そのとき、初めて心からそう思いました。娘の仏性にふれた気がしました。
それからは、どこにいるときも、ふと、〈娘はどうしているかしら〉と心が動くようになりました。いままで、そんなことを思いもしないような冷たい母親だったのに、自分の心のなかにもこんなにあたたかいものがあったのかと、嬉しくなりました。自分のなかにある、仏性のつぼみが開いたように感じました。

信仰は、そのあり方が本仏と直結されたとき初めて、ほんとうの救いとなって現われてまいります。

（『法選』3　P124）

そんなとき、遊びに来ていた従姉《いとこ》が娘さんに言いました。

「大学に入るにはね、やっぱり高校を出たほうがいいみたいよ」

その言葉を何気ない様子で聞いていた娘さんでしたが、翌日から急に学校に通い始め、それからは一日も休むことがなかったそうです。

なぜ、こんなことが起こるのでしょう。出会いのなかで、人の仏性に気づき、自分の仏性にも気づいていくこと、それが本仏の願いであり、私たちが人生のなかで求められていることです。ですから、仏性に気づけば卒業です。あとは仏さまが動いてくださるのです。

〈信〉があれば仏さまのみ心と直通で感応《かんのう》しあうことができるということです。われわれが本仏の慈悲を心から信ずれば、その力はたちまちわれわれのなかではたらきはじめます。それが感応という作用であり、成仏への最短通路だというのです。

（『新釈』6　P99）

仏さまの遺産（教え）はそっくり自分のものだと知り、それを素直に受ける気持になれば、だれでもすみやかに悟りにたっすることができるのです。

（『新釈』6　P88）

人間のできることには限界があります。問題をすべて解決したり、相手を変えるのはとても難しいことで、自分の力ではできないのです。私たちにできることは、いい縁になって、いい出会いをすることです。

人さまの仏性が見えるようになったとき、目の前の問題は展開し、解決していくのです。そうなると、もう人を直そうとしたり、問題を解決する必要はなくなります。すべてが自分を輝かせる「縁」だったことに気がつくからです。

仏さまは、お慈悲によって私たちに難題をもたらしてくださいます。それは法の認識を深めさせるためのお慈悲であり、幸せな心境に導くためなのです。
自分が仏さまのはたらきを学ぶために出会うのですから、相手や問題のなかに仏さまを見つけることができれば、仏さまがはたらいてくださるようになっています。私が真理に沿っていけば、救いという果報《かほう》は仏さまが出してくださるのです。それが、根こそぎ救われる法華経の真理の世界です。そこに「信仰」があるのです。

救いとはいったい何なのでしょうか。せんじつめれば、その人の心に安らぎを与え、生きる希望を持たせてあげることである、とわたしは信じています。したがって、救いの形も、方法も、人により、場合によって千差万別であることは当然です。

（『佼成』S51・3）

どんな人にとっても、人生は苦しいものです。楽ばかりの人生はありません。救われていると思えば、急に明日から人生が楽になるわけでもありません。なぜなら、その苦しみがいまの私にどうしても必要なことだからです。いま歩んでいるこの苦労のなかに「救い」があるのです。

大事なことは信じ切る、ということです。仏さまを信じ、教えを信じ、いつも人さまのしあわせを願いつづけている自分を信じることです。

（『躍進』S56・10）

開祖さまは「仏教というのは、仏さまが救ってくれるのでなく、自分の行ないで自分を救っていくことを教えているのだよ」と、おっしゃっていますが、それは自己流の考えで、自分の力で解決するということではありません。

自分の行ないが自分を救っていくというのは、自分が仏さまの願いに沿った心になったとき、初めて実現されるのです。仏さまの心に一歩でも近づきたいと願って仏道を行じていくところに、救い・救われの世界が開けるのです。

自分の力でやろうとすると何かと障害にぶつかったり、うまく行かなかったりいたしますが、神仏のご守護を念じ、ご守護をいただくと、まるで奇跡のようなことまでなしとげられます。神仏のなさることはこんなにもすばらしいお手配となって現われるのか、という体験を積み重ねますと、自分の「我」で、という気持はだんだんおさえられるようになります。

（『ほっしん』S61・4）

11 願いによって生まれてきた……願生《がんしょう》

お導きをされるということは、けっしてそんなに簡単なことでなく、また、きのうきょうの仏縁ではないのです。前世からの深い縁によるものなのです。お互い「如来《にょらい》の知見《ちけん》を志願《しがん》」して、これから一生懸命精進《しょうじん》をしようという自分の心を認めた結果、入会をしたというのが本当なのです。

（『法選』2 P136）

開祖さまがアメリカを訪問されたときのことです。現地の教会にお立ち寄りになり、信者さんとふれ合う機会がありました。

当時、現地の信者さんのなかには、終戦直後にアメリカ人と結婚して、アメリカに移り住んだ女性が多くいらっしゃいました。そのなかには、夢を持ってアメリカに来たけれど、言葉や文化の違いで苦労し、夫とも心がすれ違って離婚。そして、そういうなかで育った子どものことでまた苦労するという、苦労を重ねた生活をされている方もいらしたようです。

立正佼成会に出合い、修行してきたけれど、「遠く日本を離れて、寂しく暮らす人生になってしまったのは、自分のどこがいけなかったのだろう。何が間違っていたのだろう。親不孝の懺悔《さんげ》だろうか」と、嘆く日々でした。

そんな思いを打ち明けた信者さんに、開祖さまはこう語りかけました。

「あなた方は、みんな菩薩さまだね。こんな苦労を背負っても、アメリカに法華経を弘《ひろ》めよう、そう願って生まれてきた大菩薩さまなんだね」

この開祖さまのお言葉を聞かれたアメリカの信者さんは、みんな涙を流されたそうです。苦しかった人生のすべてが報われた、あたたかい涙です。

「願って」生まれて来た心境になれたとき、人生の苦しみ、悲しみが、解決すべき問題から、仏さまの慈悲の導きに変わったのです。

十万億の仏を供養したその功徳によって、人間として生まれてきたという、こういう人間の尊さとか、自分の因縁というものが悟れるかどうか、これが自分のほんとうの救われるか、救われないかの分岐点でもあるわけです。

（『求道』S46・12）

法華経の法師品に、「是《こ》の諸人等《しょにんら》は已《すで》に曽《かっ》て十万億《まんのく》の仏《ほとけ》を供養《くよう》し、諸仏《しょぶつ》の所《みもと》に於《おい》て大願《だいがん》を成就《じょうじゅ》して、衆生《しゅじょう》を愍《あわれ》むが故《ゆえ》に此《こ》の人間《にんげん》に生《しょう》ずるなり」とあります。

法華経の真理をそのまま信じた開祖さまの眼で見ると、「人は皆、仏の子」で、「人さまを救うために、願って生まれてきた人」です。

「願って生まれてきたのだから、どんな苦しみにも耐えなさい」という意味ではありません。「原因」という名の理由を探すことをやめ、「願い」という名の理由に目を向けることで、苦しみに出合っても、むしろ自分が「願い」を持って生まれてきたことの証《あかし》と思えてきます。そう思えたことによって、自分自身が救われていくのではないでしょうか。

業《ごう》によってこの世に生まれてきたのか、願いによってこの世に生まれてきたのかは、その人の自覚によって決まるものであるといえるのです。

（『新釈』2　P336）

私たちが「過去に十万億の仏を供養してきた」ということを現実のことと

して信じるためには、過去世だけではなく、いままで歩んできたこの人生のなかで出会ったさまざまな人も、実はすべて仏さまであったと見ることです。

十万億の仏を供養してきたというのは、人との出会いのなかで、自分を発揮してきたということを指しています。生きるためにしてきたすべてのことが、仏になる道につながっているということなのです。

12　願いに沿って生きる……修行《しゅぎょう》

つねに〈自分は仏さまに生かされているのだ〉ということを自覚し、〈生かされているからには、生かされているように生きよう〉と覚悟することが大事なのです。

（『法選』別　Ｐ６３）

開祖さまは、「人間は、いくら幸せになってもいい。幸せになったら、その功徳をみんなにお分けすればいいんです。そうすれば、もっと幸せが増えるから」と、おっしゃっていました。

それは毎日の生活のなかで、小さな幸せ、小さな喜びを発見し、その喜んでいる心をそのまま口に出してみることから始まります。どんな小さな喜びでも、それを言葉に表わし、人に伝えてみることで、驚くほどまわりをあたたかく、幸せに変えていきます。すると自分自身が、仏さまの説かれる法をより深く実感できるようになるのです。

人間の魂は無限に（仏となるまで）向上していくべき本質をもっているのであって、この世に生きるのは、そこで魂の修行をするためなのです。

（『法選』別　P225）

幸せになるために、幸せを実感するためにこそ、私たちは修行をします。それは立正佼成会に入会したからやらなくてはならないものではなく、皆、私たちを助けてくれるもの、生かしてくれるものなのです。

大いなるものから自分は生かされている、それは何のためか、といった問いのないところに、正しい信仰は絶対に生まれてきません。

（『法選』別　P62）

不平不満を言ったり、人を恨んだり、苦しみ悩みながらでも、生きていくことはできます。けれども、それでは喜びのない、辛い人生になってしまいます。そこで開祖さまは、どうすればすみやかに、回り道をせずに、仏になる道を行くことができるか、幸せになれるかを教えてくださったのです。

「自分を後にして、人のために動いてごらん。親に感謝してごらん。忙しいなか、時間をつくってご供養してごらん。そういう心になれば、安心して生きることができるよ。喜びの多い人生が歩めるよ」

これが、開祖さまの処方してくださった良薬です。

けれども、行ないは、あくまでも自分の心を伝える手段です。実は心が勝負なのです。

応身仏《おうじんぶつ》の教えの最大の目的は、衆生にほんとうの〈ものの見かた〉を悟らせてくださることにあります。真理への眼をひらいてくださることです。それが根本の救いにほかなりません。

（『新釈』4　P241）

開祖さまがその人生でお示しくださったのは、自分の仏性に気づき、人さまの仏性を発見する法華経の「修行」です。それは、みんな一緒に、光の速さで目的地まで連れていってくれる乗り物のチケットのようなものです。私たちは開祖さまからチケットを頂いて、バスや電車から、光の速さの乗り物に乗り換えることができるのです。

世間の常識から見れば、理想論のように思えるかもしれない法華経の修行を信じて、仏さまの願いである「仏性を開く」という一点に向かう流れに乗ってみると、必ず、思いもよらない結果が現われてきます。
「ご供養」「導き・手どり・法座」「ご法の習学」という基本信行も、その行ないを通して仏性を発見するという、ご本仏さまの願いに沿って生きるための修行なのです。

お線香を何本灯《とも》したから、朝から一生懸命三部経を何時間も読んだから功徳がでると思っているのは大間違いで、三部経の中の意味をかみしめて、どのように自分の生活に生かしていくかということが、大切なことです。（『法選』別　P148）

あるご夫婦がいました。奥さんが白血病と診断された直後、そのおなかに命が授かりました。嬉しいことのはずなのに、無事に子どもが育つのか、また、出産すれば奥さんの生命も危ないという不安のなか、ご夫婦二人で開祖さまにご指導を頂きました。

「まず人さまの幸せを念じなさい。同じような境遇の人たちに、仏さまの教えを夫婦でお伝えすることですよ」

悩み苦しみのあるままで、人さまの幸せを願って生きていく。なかなか考えられることではありません。けれども開祖さまは、欠けることのない幸せを見いだし、満たされて生きる生き方を教えてくださったのです。

開祖さまのお言葉を信じて、苦をそのまま宝物にして生きようと思えたこのご夫婦は、同じような悩みを持つ人の幸せのために教えをお伝えし、生きがいを持って生きていかれたそうです。

人間が生きていくというのは、喜びと苦しみをくり返し味わうことです。不安や苦しみを除くためだけの修行では、苦労のたびにあわてて修行する、そのくり返しで人生が終わってしまいます。
人を救うとは、つまり、本当の生き方に目覚めさせることなのです。

だいたい神さまや仏さまに何かをかなえてもらおうという祈りは本当じゃない。神さま仏さまの願いにそって生きるということ、そのための祈りが大事なんですよ。

（『ただひたすらに』Ｐ３２）

仏さまの願いに沿って生きるというのですから、どんな苦労も努力であると思い、慈悲行だと思えばいいのです。だれか一人がそう思えれば、それはそのままで幸せのもとになります。苦しんだり悲しんだり喜んだりしながらも、それでも人と出会い、互いに縁となって生かされているのは、この人生で出合う「縁」を通し、慈悲行をして幸せになるためなのです。

尊い功徳を人さまにお分けすることで、自分が生かされるのです。生きていることがそのまま修行で、そのまま救われだとも言えるでしょう。

どんな不幸・不運に見舞われてもくじけず、どんな難問題に遭《あ》っても正しく克服できる心の力を育成する努力こそが、修行にほかならないのであります。

(『法選』別 P144)

13 仏性を拝み出す……菩薩行《ぼさつぎょう》

菩薩行の根本は、人間を礼拝することである。人間を礼拝するとは、あらゆる人間の中にある仏性を認めることである。仏性を認めないでその人を救おうというのは、形式だけの空虚な行ないに過ぎない。その人の中に必ず実在する仏性を拝み出すところに、真の済度《さいど》はあるのだ。

（『法解』　P528）

開祖さまは、「菩薩行の出発点は、すべての人に『私も仏さまに生かされている仏の子だったのだ』と、目覚めて頂くことです」と教えてくださいました。

菩薩は仏さまの使いです。仏さまの子であり、仏さまの使いとして、仏さまと同じように人びとを拝み、仏性に気づき、人びとのなかの仏を見つけて人生を歩むのが菩薩の生き方です。ですから、本当の菩薩行とは仏性を花開かせる縁となることです。そして、自分もそういう生き方がしたい、という心を起こさしめることです。

みなさんは仏の行を行じているのです。仏さまの身代わりとなっているのです。仏さまの手足となっているのです。

（『法選』別　P152）

「仏になる」という目的のために生きているのだ、ということがきちんと分かり、心がそこに定まっている人が菩薩です。そして、それを毎日の生き方のなかで、具体的に現わしていくことが菩薩行です。

また、人さまの苦労は菩薩行であり、その奥の本質は光り輝く仏性であると見られる人、それが菩薩です。

菩薩にとっていちばんたいせつなのは、いうまでもなく愛他・利他の精神であり、その精神から発した実践行動であります。その実践行動を〈布施〉というのです。

（『新釈』8　P26）

何年も家に引きこもったままの息子さんを持つお母さんがいました。まわりの皆さんは、長年苦労しているお母さんに幸せになってもらいたくて、なんとかして息子さんに外へ働きに出てもらおうと、一生懸命にかかわっていました。

これを、開祖さまのおっしゃる菩薩の眼で見るとどうでしょう。わが子とはいえ、その息子さんを愛し、息子さんのために苦労したのはお母さんです。息子さんがここまで生きてくることができたのは、お母さんの努力のお陰さまなのです。そういう眼で見ると、このお母さんは菩薩さまであり、いままでの苦労は菩薩行だったと言えないでしょうか。

仏の子としての価値を本当に現わすのは、慈悲の心を起こし、慈悲の行ないを実行するときなのです。

（『法選』別　P60）

こちらが〈教えてあげよう、直してあげよう〉という気持ちを捨てて、改めて、このお母さんを拝むあたたかい気持ちでふれ合ったとき、お母さんのいままで辛かった気持ちがすべて解《と》けていきました。すると、息子さんに、思いもかけない心境の変化が起こり、自ら仕事を探しに出かけて行ったそうです。

このように、開祖さまの教えてくださる本質を、実際の生活やかかわりのなかでそのまま生かしていく、それが大切です。

菩薩とは、人を救い世を救うことを念願とする人ですから、迷ったり苦しんだりしている衆生を、その場その場で救ってくださることにはまちがいはありません。しかし、根本的な救い、真の意味の救いは、「本仏に生かされているのだ」ということを自覚すること以外には起こりえないのです。

（『法解』Ｐ６２６）

開祖さまは「まず人さま」という菩薩行を、私たちに教えてくださいました。

私たちは、本当は仏になる道を歩んでいる菩薩だったのに、それに気づいていませんでした。そこで開祖さまは、「幸せになりたかったら、まず人さまだよ」と、先に菩薩の行ないをさせてくださることで、本来私たちのなかにある菩薩の心に気づかせ、目覚めさせてくださったのです。

菩薩の行ないをすることで、私たちの心が菩薩に近づいていきます。

ある教会に開祖さまが立ち寄られた際、お役を頂いたばかりの若い青年男子部長さんが、開祖さまにうかがいました。

「青年男子部長のお役を頂きました。何をしたらお役が務まりますか」

すると、開祖さまは腕組みをされ、それから力強くおっしゃいました。

「いいか、きみ以上に法華経にほれこむ人を一人育てるんだよ」

以来、この青年は、教えの素晴らしさをお伝えすることをいつも心に置いて、自分自身が法華経をしっかり学び、お役を務めました。現在、教会長のお役を頂き、多くの方とのご縁を頂くなかでも、開祖さまのこのお言葉を信仰の指針としているそうです。

菩薩の救いというものはどんな現われかたをするのかといえば、衆生の迷いや苦しみをその場その場で救ってくださるのも一つの現われにはちがいないけれども、もっと大切なはたらきは、仏のお使いとして仏の教えを伝え、われわれに信仰生活の手本を示してくださることです。

（『法解』 P626）

開祖さまが海外へ出張中に、お供をしていた秘書の方のお父さまが亡くなりました。同僚がすぐに呼び戻そうとしましたが、お母さまが「息子が帰っても、主人が生き返るわけではありません。どうぞ、大事なお役をそのままさせてください」と言うので、秘書さんがお父さまの死を知らされたのは、帰国されてからでした。

帰国して間もなく、開祖さまがその方の自宅を訪ねました。そして、驚くお母さまの前に手をついて「このたびは、息子さんを父君《ふくん》の死に目に会わせることができず、本当に申しわけありませんでした」と、頭を下げられたそうです。

「ご自分は、尊い平和のために世界行脚《あんぎゃ》をされているのに、休む間もなく、わざわざ私たち家族のために足をお運びくださった。何ごとにも誠意を持ってあたられる、そういう開祖さまだったからこそ、私は師とも父ともお慕いして、ここまでついてくることができたのです」と、その秘書さんは話していました。

「まず人さま」と、われを忘れて誠意を尽くす開祖さまのお姿が、まわりの人びとに菩提心《ぼだいしん》を起こさしめるのです。

世の中を明るくし、平和にするには、自他の仏性を認めることがほんとうの出発点であり、もっとも基本的な道であることを悟らねばならないのです。

（『新釈』8　P49）

14 光をあてる……合掌《がっしょう》

一切衆生悉有仏性――生きとし生ける者にはみんな仏性があるんだと、お釈迦さまがハッキリおっしゃっているんですから、このことをしっかりと腹の中に入れておけば、常不軽菩薩品《じょうふきょうぼさっぽん》にあるように出会う人ごとに〝但礼拝《ただらいはい》を行ず〟で、心から拝めるんです。

（『ほっしん』H4・3）

開祖さまが波木井山《はきいさん》参拝の途中、近くの教会へ立ち寄られました。そこで、開祖さまを囲んでご指導会が開かれることになり、一人の高校生担当の若い女性が手を挙げました。

「教会でお手伝いをしていて、小指に怪我《けが》をしてしまいました。そのことをどう受けとめればよいか結んでください」

そうお願いすると、開祖さまはにっこりほほえまれ、こうお答えになったそうです。

「あなたのように若い頃からご法精進していると、私の年になる頃は、仏さまだね」

この女性は、小指に怪我をした原因を知ることで、自分を変えようとしました。けれども開祖さまは、小さなことを通して自分の心を見つめようとする、純粋な心そのものの価値を教えてくださいました。

開祖さまのお言葉で、彼女はきっと自分のなかの仏さまにふれたことでしょう。

「あれから、逆風に負けそうになることもありましたが、そのたびに開祖さ

まのあの笑顔とお言葉を思い出し、精進させて頂いています」と話していま
す。

**私どもが「おはようございます」「ご苦労さまです」「日々有り難うございま
す」と言葉をかわすときお互いに合掌し合っておりますのも、だれもが内心に
持っている仏性を完全に磨《みが》き出すためであります。**

（『法選』3　P211）

開祖さまは、出会うどなたにも、必ず合掌でご挨拶《あいさつ》されました。家庭でも、
私たち孫にいたるまで、合掌で拝んでくださいました。開祖さまの近くにい
ると、いつも前向きで、人を喜ばせたいという、自分のなかのいちばん気持
ちよい心が湧いてきました。それは開祖さまが、相手を責めないとか、許す
というだけでなく、いつも私たちのなかにある、自分でも気づいていなかっ

たような仏ごころを見つけ出し、そこに光をあててくださったからです。

ある日のご供養のとき、私は導師をされる開祖さまの読まれるペースでは家を出る時間に間に合わないと思い、申しわけないと思いつつも、意識して読むペースを速めていきました。自然と声も大きくなりました。

その超特急のご供養が終わると、開祖さまが満面の笑《え》みを浮かべてこちらをふり返りました。そして、こうおっしゃったのです。

「いやあ、今日のご供養は勢いのある、いいお経だったよ」

開祖さまに合わせなかったことを気まずく思っていた私は、嬉しくなりました。ペースを合わせなかったことを注意されずにすんだからではありません。私が自分でも気づいていなかった、私のなかの仏性を、開祖さまがまるで手品師のように思いもよらないところから、ポンと取り出して見せてくださったように思えたからです。

相手が誰れかれということなく、本当に法に導こうと思うと、人を敬うきもちが大切です。人さまがみえたとき合掌で迎えるということは、その人を信じ、その人の本性に仏心《ほとけごころ》がある、仏性があると考え、その人格を最高に尊敬することです。特に法華経では常不軽菩薩品に端的に〝但礼拝を行ず〟とあるように、見る人、見る人を礼拝するという行が、その人の菩提心を起させる因縁を生むことになるのです。

（『ほっしん』S61・6）

私たち孫が鐘や木鉦《もくしょう》のお役をしたときは、「いい音だ。上手だったよ」と喜んでくださり、食事のときには「うちのご飯は世界一だ」と、褒《ほ》めてくださいました。ふれ合う人のよいところ、仏ごころだけをご覧になっているあたたかさが、いつも伝わってきました。ですから、開祖さまといるとき、私たちは何も構えることがなく、安心していられました。

〈いつも開祖さまに喜んで頂ける私になりたい〉、そう思うと、心のなかがギュッと熱くなりました。

仏さまはすべての人を成仏させようとして出現されたわけで、私たちが仏教を信仰するのは、その仏さまの願いを素直に受けとめて、一人一人が仏に成るためなのですが、では、どうしたら仏さまと同じ境地になれるか、成仏するためには何が必要なのか、ということが問われてきます。

（『三霊山瞑想』Ｐ１６）

15 一点の明かり窓……仏性礼拝《ぶっしょうらいはい》

人の「仏性を拝み出す」ことこそ、菩薩行の大眼目《だいがんもく》なのです。そこに生きた仏教があるのです。

（『法解』P531）

開祖さまは「すべての人に仏性があると信じ、人さまとのふれ合いのなかに、お互いの仏性のあたたかな通い合いが見いだせるような眼を持つこと、それが仏性を礼拝することです」と、教えてくださいました。

仏性を礼拝するというのは、人をそのまま礼拝すること、尊敬することです。「いま、目の前にいる人は、自分を成長させてくれ、菩薩行をさせてくださる人だ」と心から思い、合掌することで、自分だけでなく、相手も仏性に気づけるよう、仏さまの光をあてるご縁になっていくことです。

相手を尊敬している人の言葉というのはあたたかいものです。そのあたたかさが、人に希望と喜びと安心を与え、心のよりどころをつくります。

〈ひとの仏性を拝むことが、仏道修行の根本であり、すべてに先行するものでなければならぬ〉ということなのです。

（『新釈』8　P36）

あるとき、ご出張先でお役を終え、宿に戻られた開祖さまに「さぞお疲れであろう」と、秘書さんが指圧師を呼んだそうです。

指圧師が到着したちょうどそのとき、開祖さまに電話がかかってきました。「きみも疲れているんだから」とうながされ、秘書さんが先に指圧を受けることになりました。指圧が始まると「しまった」と思いました。下手だったのです。料金も払いたくない気分でした。でも、いまさら断るわけにもいかず、とうとう開祖さまの番になりました。申しわけないと思いながら眺めていると、どうも自分のときとは様子が違います。

開祖さまは、指圧が腰のあたりまでくると、「もう少し下のほうがいいなあ。そう、そこそこ。もうちょっと力を入れて。うん、効《き》くよ。あんたは上手だねえ」と、褒めていらっしゃいます。褒められた指圧師は開祖さまの指示に従って一生懸命に治療していました。

人間を拝めばいいのです。仏性を拝めばいいのです。

（『法選』別　P58）

ふつうよりも倍の時間をかけて指圧が終わると、指圧師は「私はまだ修業の足りない、見習い中の者です。今日はいろいろと教えて頂いて本当に勉強になりました。ありがとうございました」と頭を下げ、料金を受け取ろうとしません。ところが、開祖さまは、「いや、今日はいい指圧をしてもらった」と喜ばれ、料金もはずんで包まれました。

秘書さんは、喜んで支払われるそのお姿に、どんな出会いのなかでも相手を拝み、拝むことによって人を生かす開祖さまの大きさを、あらためて深く感じたそうです。

仏の教えの哲理を煮つめて煮つめたギリギリのエキスはなんでしょうか。〈一切衆生　悉《ことごと》く仏性有り〉という真理がそれです。その真理を日常の生活に実践するのに、だれにもかんたんにできる行法とはどんなものでしょうか。〈自分の仏性をみつめ、ひとの仏性を拝むこと〉がそれです。

（『新釈』8　P12）

私たちは、みんなが同じいのちを持った、仏さまの子どもです。能力や個性など、表面にはさまざまな違いはあるけれども、仏さまの子どもであり、仏性を持って生かされているという点ではみんな平等です。表面の違いを乗り越えて、その人の仏性を見ることができるかどうか、「一点の明かり窓」が見えるかどうか。開祖さまの願いはそこなのです。

仏性を礼拝するためには、人さまの思いやりの心、仏ごころに焦点をあてて見ていける自分になることです。思い通りにならない人、言うことを聞いてくれない人、難しい人に接すると苦労します。けれども、苦労するから自分がよく分かり、成長できるのです。

人を見たら、その一点の明り窓を見つける。そしてその明り窓を讃歎《さんたん》する。讃

歎することによって、その人を自分の明り窓に気づかせる。明り窓に気づいた人は、もっと光を入れたい、もっと光を入れたいと、ひとりでに明り窓をおしひろげていくでしょう。これが「仏性を拝み出す」ことであり、「自らの仏性を発見する」ことです。

（『法解』Ｐ５３１）

本仏の願いということを考えると、私たちのまわりの世界は、すべて仏性の現われであることに違いありません。けれども、初めから「すべては仏性の現われである」ことをそのまま実感するのは難しいことです。ですから、私たちはまず「一点の明かり窓」を見つけることから始めるのです。丸ごと光っているものを光として見られるようになるために、現実にはまず一つの光を見つけるところから始めなければなりません。

開祖さまは、「私たちは、毎日仏さまに出遇っているんですよ。いろんな方に、仏さまとしての仏性があり、自分にもまた仏性がある。ですから、その仏性と仏性でふれ合っていけば、相手がどんな方でも仏さまのように見えて、拝ませてもらえるんです」と、おっしゃっています。出会う人、出会う人に、「この方は、仏さまの使わされた方だ」「私の仏性をはっきりと顕現《けんげん》させてくださる方だ」と思って合掌していけば、常不軽菩薩《じょうふきょうぼさつ》の但行《たんぎょう》礼拝になるのです。それを開祖さまは、どのように実践されたのでしょう。

WCRPⅥ（第六回世界宗教者平和会議）の事前会議でのことです。資料に手違いがあったことがきっかけで議論が紛糾《ふんきゅう》し、会議場内に緊張した空気が張り詰めました。そのとき開祖さまは手を挙げ、こう話されたのでした。

「本日は貴重な資料の下《もと》、熱心なご討議、まことにありがとうございます。実は、私は目が悪くなり、資料も十分には読めません。耳も弱くなり、皆さんの議論にも十分についていけないほどです。しかし、こんな私でもよろしければ、皆さまのお役に立てることがございましたら、何なりとこの私にお申しつけください」

会議が混乱したことを叱責《しっせき》するのではなく、まただれかを責めることもなく、その場にいる全員を拝み、深々と頭を下げる開祖さまのお姿に、会場の空気は一転し、前向きな議論が進められました。

お互《たがい》さまに内なる仏性を礼拝《らいはい》して、菩薩道に励《はげ》めば、磨《みが》き出された仏性の光によって、地球上は明るくなるということを、深く詳《くわ》しく申されておるのです。

（『佼成』S41・7）

常不軽菩薩品に「世世《せせ》に仏《ほとけ》に値《あ》いたてまつりて　疾《と》く仏道《ぶつどう》を成《じょう》ぜん」とあるように、私たちは、毎日出会う人を仏さまと見ることで、幸せになれ、仏になれるのです。

すべての人が仏の子なら、私が出会う人は、みんな仏さまです。そう思って尊敬していく心が仏道です。相手を尊敬できると、それはあたたかい言葉になり、思いやりの行ないになります。

反対に言えば、あたたかい言葉をかけ、思いやりの行ないをしている人がいたら、その人は仏性を礼拝している人だと言えるのではないでしょうか。

常不軽菩薩の礼拝行は、自分も相手も、仏になれる行《ぎょう》なのです。

立正佼成会の真の使命は仏さまの本願でありますところの〝菩《ぼ》薩《さつ》を生ずる法〟、菩薩をたくさんつくることであります。

（『法選』2　P153）

16 平和をつくりだす人……宗教協力《しゅうきょうきょうりょく》

宗教者の平和運動というのは、ひとことでいえば〝仏になる〟ためのものなのです。一人一人が仏になる修行をする、そして多くの人に仏になっていただくための呼びかけをしていくことなんですよ。この基本線を忘れてしまっては、いくら運動をしても、真の平和な世界はおとずれません。

（『躍進』S57・3）

開祖さまは「世界平和のため、宗教協力のためならば、どこへでも行きますよ」と、おっしゃっていました。そのお言葉通り、後半生を平和活動に捧げられました。一九七九年、イランでアメリカ大使館員の人質事件が起きた際には、ご自分を人質の身代わりにという覚悟で、現地に入られました。また、一九九四年のWCRPイタリア大会へは、八十八歳の高齢を押して出席されました。

開祖さまはなぜ、何のために、世界の平和に心血を注がれたのでしょうか。もちろん、紛争を解決するため、世界の平和を実現するためです。けれど私は、開祖さまが命をかけられたその源には、どんなときも、常に仏さまの願いを実現する決意、仏性礼拝行を実践するという決意があったのだと思うのです。

常不軽菩薩の礼拝行を徹底して実践される開祖さまにとって、世界平和の活動や宗教協力は、目の前にいるたった一人の仏性を拝むことと全く違いがありませんでした。そして、すべての人を拝む常不軽菩薩の仏性礼拝行を完成させるためにこそ宗教協力があり、世界平和活動があったと思うのです。

私たちも開祖さまに倣い、目の前の〝この人〟の仏性礼拝から始めて、すべての人を礼拝することを目標として、平和活動に取り組んでいかなければなりません。

神さま仏さまには、ある人は守護するが、ある人は守護しないなんていう、そういうえこひいきはないわけだ。どんな人でも、みんな同じように守護してくださっている。だから、人間のほうも、他を尊ぶという宗教協力の気持ちがなければならない。

（『ほっしん』 H2・5）

一九七二年夏、WCRPⅡ（第二回世界宗教者平和会議）への協力を打診するため、開祖さまは西ドイツ（当時）に、プロテスタント教会の政府部門代表であるクンスト師を訪ねました。開祖さまが到着するなりクンスト師は、

「あなたは、いったいどういう資格で私たちのところを訪ねて来られたのですか」という鋭い質問をされました。開祖さまはこう答えました。

「私はとりたてて資格もなければ、だれに頼まれたのでもありません。私は久遠実成の本仏のご命令によって、世界の指導者の方々にお会いしているのです」

そして逆に、クンスト師に質問しました。

「あなた方の天にましますは神は、あなたに『世界を平和に導くために人々に呼びかけよ』と、そうお命じになられませんか」

この開祖さまの言葉に、クンスト師は大きな手を差し伸べて「よく分かった。あなたの言葉をすべて信じましょう」と、開祖さまの手を握り締めたそうです。

すべてを生かしている本仏の願いに、常に忠実であろうとする開祖さまは、宗教の表面的な差にとらわれず、相手の宗教を攻撃するのではなく、認め、称《たた》えることによって、万教同根《ばんきょうどうこん》であること、つまり、「すべてが一法から生じている」ということを証明してくださいました。

世界平和というのはね、根こそぎ救うということ、地球上全部、一切衆生《いっさいしゅじょう》をみんな救いきるということなんですよ。だから、世界平和というのは、もういわば最後の結論なんだな。真の救いはそこにあるんですよ。（『ただひたすらに』P110）

一九七六年、シンガポールでACRPI（第一回アジア宗教者平和会議）が開かれていたときです。「ベトナム難民が沖合いを漂流している。食料もなく、嵐《あらし》も近づいている。上陸許可は下りず、小さな船の中で飢えと死に直面している」という情報が入ってきました。

当時はまだ国連すら、ベトナム難民に対する救援活動は行なっていませんでした。ACRPとWCRPの役員が協力して、救助のための手を打つべきであると勧告しました。しかし、事態はそう簡単ではありません。五百人を超す人たちの受け入れ、国際法上の問題、複雑なアジアの政情など、難問がいくつもあります。なかでもいちばんの問題は資金です。いくら会議を重ねても結論が出ず、万策尽きたと思われたとき、日本の役員が緊急に集まりました。

神仏のみ心に沿ったことならば必ず通じると信じた開祖さまは、役員の方たちに「いまこそ、宗教者としての〈真の実行〉をしなければならない時がきた、と私は信じます」と切り出し、資金援助を最初に申し出られました。開祖さまのこの言葉に、役員の方々は皆、深くうなずかれました。そして最終的にWCRP日本委員会は、資金の半分を拠出することを決定したのです。

自分一人のことを考えているときではありません。他のためになることを考え、地球全体のことを考えて一人一人が行動する——それが求められているのです。

（『三霊山瞑想』Ｐ１４７）

この決定により、全体会議が一転し、救援活動は一気に展開しました。そして、この宗教者の動きがきっかけとなって、国連も本腰を入れて難民救済の活動を開始したのです。

「宗教は教義のなかに存在するのではなく、真摯《しんし》な行動のなかにこそ存在するのです」

開祖さまはＡＣＲＰの閉会式で、このようにスピーチされました。

開祖さまにとっての平和運動とは、理念や理想ではなく、仏性開顕を具体的な形に現わすことであり、すべての人びとの仏性を礼拝することにほかならなかったのだと思います。

山川草木悉皆成仏《さんせんそうもくしっかいじょうぶつ》という教えのとおり、法華経はすべてを認め生かしていく教えであり、人間ばかりか、山も川も草や木など、ありとあらゆるものに仏性がありじいのちを与えられているのだという教えです。対立ではなく、それぞれの持ち味を生かしつつ共に生きる、それが法華経の教えです。この思想こそ現代を救うものです。対立や抗争の世界を協調と寛容を基にした平和な世界に変えるのは法華経の教えであり、人類を幸せに導くのも法華経の教えです。

（『三霊山瞑想』 P147）

「人を拝める人が一人いたら、仏さまは、ちゃんと幸せにしてくださるんだよ」。これは、人間の本性は仏性であることを心底から信じていらっしゃった開祖さまの、人間への徹底した信頼の言葉です。開祖さまの願われた「平和」は、このお言葉のなかに込められているように思います。

みんなが同じ人間であり、仏さまの子どもです。いのちを持っています。そして、仏性そのものなのです。難題に出合ったときこそ仏性を信じ切り、拝み切れる自分であるかが分かるのです。

17 心のなかの宝物……仏性開顕《ぶっしょうかいけん》

すべての人の仏性のあらわれを自分の目で見ることはできません。しかし、仏さまの教えによって、すべての人に仏性があるのだということを、しみじみと悟ることはできるのです。

（『新釈』8 P48）

開祖さまは「自分が仏の子であると気づくことが、仏性開顕だよ」と、おっしゃっていました。

私たちが歩んでいるのは、幸せになる道です。幸せになるためには、現実の苦のなかに隠れている仏さまを、自らが発見しようと努力しながら歩むことが大事です。自分の授かっている仏性という素晴らしい宝物を発見しようと努力することで、心が豊かで穏やかな、幸福な生活を築き上げることができます。

宝物を持っていても、持っていることを知らなければ、そこにないのと同じで役に立ちません。そこに宝物があることに気づくことが、救われの第一歩です。気づけば、見える世界がたちどころに変わります。自分と同じように、ほかのすべての人も仏性であるという真実を悟ると、人さまに対する見方も変わらずにはいられないのです。

わが家でこんなことがありました。ある朝のこと、登校前に長女が学校の日記帳を広げると、ページいっぱいに落書きしてあるのが見つかりました。前の晩に妹が描《か》いたものでした。いつも物を大切にし、きれいに使っていた長女は、とても傷つき、悲しそうでしたが、当時一歳半の小さな妹には怒りをぶつけることもできません。目を見開いて涙をこらえる長女に、「ごめんね。きっとお姉ちゃんみたいにお勉強してみたかったのよ。意地悪でやったんじゃないのよ。許してあげてね」――そう声をかけたものの、サインペンで描いた絵は消すことができず、そのまま学校へ行きました。

ところが、学校で長女の提出したノートを開いてみたとたん、担任の先生は、長女にこうおっしゃったそうです。

「これどうしたの？　妹さんが描いたの？　よくできたねえ」

そして、いたずら書きの上に大きな花丸を書いて、「たいへんよくできました」のハンコを押してくださり、その上、その日いちばんよくできた人にしかもらえないシールを貼ってくださったのです。長女はびっくりしました。

学校から帰ってきて、この話をしてくれた長女の顔は、本当に嬉しそうでした。そして、「先生が上手だねって褒めていたよ。このシール、お姉ちゃんもずっと欲しかったんだけど、なかなかもらえないんだよ。よかったね」と、妹にやさしく声をかけ、シールを渡していました。それからは、妹が同じようなことをしても、「よくできたね」と、褒めてくれるようになりました。先生は、長女の心のなかにある宝物を、花開かせてくださいました。

寛容の心をもってひとに対すれば、その人の可能性を伸ばしてあげたいという気持が、ひとりでに生じてきます。そんな気持を〈慈悲〉というのです。

（『新釈』8　P49）

人生のなかでの出会いや体験を通して、私たちはただ一つのことを実現するために生きています。それは、心のなかの宝物を発見し、それを花開かせるということです。仏さまは、私たちが人生のなかでそのことに気づき、仏性を花開かせることだけを願ってくださっています。失敗も成功も、喜びも悲しみも苦しみも、そのための大切な教材です。

開祖さまは、「仏性開顕こそが私たちの本業であって、その他のことはアルバイトみたいなものだ」と、おっしゃっていました。仏性開顕——私たちは毎日の出会いを通して、それだけをすればいいのです。

私たちはつい、こう言ったとか、言われたとか、やったとか、やられたとか、表面的なことで判断してしまいます。けれども、表面を見ないでその奥にある心、宝物を見ていく訓練をしていくことが大切です。すべての縁は自分の心境がどこにあるのかを知る尺度であり、私たちが人の心の本質を見ていくための課題なのです。

すべての縁は仏性を開顕するためにあるという、この一点を信じ切って、ここに照準を合わせて、世の中を、人を見ていく、そして行じていく。これが仏になる道です。私たちが、共に歩んでいる道です。

自分の心のあり方一つで目の前に現《あら》われる状態が一変《いっぺん》することを体得《たいとく》するのが大事なのです。そうなると、どんな問題が起きても「こういう問題が出てくるのは、仏さまが私を見守っていて、ここでもう少し人間味を深めさせてあげようと、大慈大悲《だいじだいひ》の心で試験問題を与《あた》えてくださったのだ。ありがたいお手配《てはい》だ」と、仏さまを心から信じることができるはずです。

（『佼成』H6・2）

開祖さまは「法華経というのはこのお経典のことだけを指すのではなく、真理を説いた教えなら、それはみんな法華経なんです」と、おっしゃっていました。それならば、世の中には、たとえ法華経に出遇っていなくても、仏さまのはたらきをしている菩薩さまがたくさんいるはずです。そんな菩薩さまを見つけ出し、その徳を称えることで、また自分の心のなかの宝物が輝きを増すのではないでしょうか。

18　みんな仏になれる……一仏乗《いちぶつじょう》

一仏乗というのは、結局〈すべての教えが一切衆生を仏の境地へ導くための教えである〉ということです。

（『新釈』2　P276）

開祖さまは、「自分が生かされているのは何のためかという問いのないところに、正しい信仰は生まれない」と、おっしゃっていました。それでは、私たちが生かされて生きているのは何のためなのでしょうか。

それは、仏になるためです。

人間が生きていくなかには、喜びだけでなく、必ず、苦しいことや悲しいこと、辛いことがあります。けれども、それは決して「悪いこと」ではありません。それは私たちが仏になるために、みんな必要なことなのです。私たちは「みんな仏になれる」と決まっていて、「だれもが仏になる道を歩んでいる」のです。

同じ出来事一つをみても、それを○《マル》と見るか、×《バツ》と見るか、その見方、考え方の違いが、その人の相《すがた》にも、日常の生活にも現われてくるのです。

「神さま、仏さまを信じて、『いつもそばに仏さまがついていてくださる、神さまがご守護くださっている』と、こう思っておれば、いつでもまじめに、悠々といけるわけです。このことが、信仰ではいちばん大事なんですね」と、開祖さまは、おっしゃっていました。

私たちは、常識的な幸せの形を求め、それにとらわれて、苦を解決しようと悩み苦しみますが、その苦のなかでいかにして喜びの心、感謝の心を見つけていけるか。それが幸せへの分かれ目です。

いついかなる状態のなかにも功徳を発見できる、そんな仏さまの智慧を磨いていくことが、私たちがいま生かされている最大の目的であり、そこに焦点をあてていくことが、修行なのです。自分の心がそのように変わり、心が定まれば、すべてそこから変化していきます。そして悲しみ、苦しみの多い人生も、安心して生きていけるようになるのです。

「この人は仏になれるけれども、あの人は仏になれない」「あんな修行じゃ救われない」ということはありません。こちらの見方によって、見る眼を持ちさえすれば、だれもが仏になる道を歩んでいる人であり、だれもが仏さまであることが見えてくるのです。方便品にある「一《ひと》りとして成仏《じょうぶつ》せずということなけん」とは、そういう意味なのです。

本仏を信じてその教えを実践しようとする人は、見聞《けんもん》することと経験することのすべての中に、本仏の姿を見、その説法を聞くことができるのです。

（『本尊観の確立のために』 P68）

ある教会長指導会でのことです。一人の教会長さんが真っ先に手を挙げ、開祖さまに、教会道場の宿直に来てくださる人が少ないことについて、お聞きしました。開祖さまはあたたかな笑顔で、こうお答えになりました。

「みんながいる前で、聞きにくいことを最初に質問するのは勇気のいることだね。それほど一生懸命だったら、大丈夫。必ずご守護頂けますよ」

教会長さんは、宿直に来てくださる人を増やすには、どうすればいいのかをお聞きしたのです。

ところが開祖さまは、それよりもあなたが熱心に求める心が尊い、そのままで大丈夫だ、それでよいのだ、とおっしゃるのです。開祖さまのお言葉で、その教会長さんは、口では「仏になる」と言っていたのに、自分の心が本当にそこに定まっていなかったことに気づきました。

声聞も、縁覚も、衆生を救う修行をしようという志をおこせばその瞬間から菩薩となるわけで、本質的にちがった人間であるはずはありません。

（『新釈』2　P276）

私たちは実相を見るより、つい〈こうあるべきだ〉と思ってしまいます。それは日々起こることを、よくない現象だと思っているからです。開祖さまのように、いまを最大限に喜ぶ見方ができれば、たったひと言で、そのまま仏さまの世界に変化するのに、それをわざわざ難しくしてしまっているのは自分自身だったのです。

何か問題が起きたとき、それをすぐに解決してしまってはもったいないのです。仏さまが私たちに問いかけているのは、解決できるかどうかでなく、そのことをどう見て、どんな心を起こすことができるのか、ということなのです。

動物や草木も、山や川という自然の存在も、みんな等しく宇宙の大生命、久遠《くおん》の本仏の現われなんだ、自分と根が一つの命なんだ、と教えているのが法華経の教えの神髄です。

（『法選』別　P64）

19　本願につながる……大安心《だいあんじん》

「……われわれの心さえ本来のすがた（仏性）に目覚めれば、すべての人間・すべての生物・すべての物質が大調和した世界（寂光土）が現出するのだ」ということがまざまざとわかります。

（『新釈』4　P106）

仏さまは、私たちがすべてを尊く見ることができるようにと、いろいろな出来事を現わしてくださっています。ですから、私たちは、どんなことに出合っても安心していていいのです。安心して喜び、安心して苦しみ、安心して悲しんでいいのです。ただそのなかで、光っているものを光と見る眼を磨くことが大切です。光を見いだし、すべてを拝んでいけたなら、生きていることそのままが、仏になる道なのです。

「本仏」はいつも天地の万物を救おう、救おうという精神をもって宇宙に遍満しておられるのです。

（『法解』 P35）

すべてを拝める人とは、どんな人なのでしょう。

その男性は会社を経営していました。ところがあるとき、順調だった会社が、不況のあおりでスポンサーに降りられ、大きな負債を抱えてしまいました。青年時代から教会で活動をし、修行してきたのに、先行きの不安で、つい幹部さんに「世の中がこう大変になると、さすがの佼成会の教えも役に立ちませんね」と、皮肉めいた言葉を口にしてしまいました。

それを聞いた幹部さんは「本当にそう思っているんですか。あなたを見ていると、いま現在が困っているだけのように見えるけれど。いままではいったい、どうだったんですか？」と、逆に問い返しました。

「いままでは、どうだったのか」——そう問いかけられた男性は、開祖さまのご法話を読み返し、自分の心を見つめてみました。確かに、これまで会社は順調でした。たくさんの仕事と幸せを頂き、そして自分も真剣に仕事に取り組み、多くの方に支えて頂いていたことを思い出しました。

それではいま、この苦しい状況のなかで、仏さまは自分に何を教えてくださっているのか、何をしなさいと言われるのか、と考えました。

私が大歓喜を強く主張するのは、仏さまの教えは守りさえすれば必ず幸福になれる。だから心配がないんだ、という喜びをもって実行すると安心感をもてる

からなんです。

（『ほっしん』 S61・11）

男性は、自分の心を立て直そう、仏さまの願いに沿った自分であろうという気持ちでいっぱいでした。仏さまの願いとは何かを考えた末、翌日から、奥さんと一緒に、お世話になったお得意先へお礼に回ることにしました。

行く先々で「聞いてるよ。お宅いま大変なんだってね」と、同情とも励ましともつかない言葉が返ってきます。それに対し、何を言われたとか、どんな受け答えをするかということより、ただひたすらに相手の仏性を拝み、自分の仏性でふれ合うのだと、心に決めていました。その心を具体的な形に現わしたのが、いままでのお礼に歩くことでした。

そして、もし仕事が与えられたなら、精いっぱい、感謝して請け負っていこうと心が定まりました。

そんなときです。ある会社で「いま、大きな仕事があるんだが、あなたのところは危なそうだと聞いて、ほかに頼もうと思っていたんだ。だが、あなたの姿勢は素晴らしい。気に入ったよ」と、仕事を回してくれたのでした。それをきっかけに、この男性は会社の経営をみごとに立て直すことができました。

ほんとうに仏法を信じ、一心に修行した結果起こった変化ならば、その人が仏法の正しいレールに乗ったために生じたものにちがいないからです。たとえば、現象的にはマイナスのように見える変化でも、その人の人格に磨きをかけるためのひとつの過程だということもありうるのです。ですから、その時点においては気に入らぬ変化でも、素直にそれにしたがい、あいかわらず仏道の修行をおこたらずにつづければ、その気に入らなかった変化自体が、長い将来の幸福

の基礎となるのであります。

（『新釈』4　P54）

六十歳を迎える頃、今度は母親が介護を必要とする状態になりました。「さて、今度は仏さまの願いをどう実現するおはからいなのだろう」と考えました。妻と相談し「まだもう少し会社のために役に立たなくてはならないが、いままでできなかった親孝行をさせてもらおう」と、給与が半減することを承知で役職を退きました。そして仕事を三分の二に減らすと、その分の時間を母親と過ごすことにしました。いまでは母親を中心にした生活になり、妻とも心を合わせ、いままで以上に協力し合うようになりました。

この男性はいつも、さまざまに変化する現象にとらわれることがなくなり、仕事があることも、ないことも、親の介護さえも仏になる道そのものであり、「みんな自分に必要なこと」という見方で、目の前の一つひとつの出来事に仏さまの願いを感じて歩んでいけるようになりました。

「みんな自分に必要」といっても、本当に仏さまの願いにつながるためには、どんなときも、まわりの人との間にあたたかい心の通い合いができたかどうかということが、大きなポイントになります。言葉を換えて言えば、自分の仏性と相手の仏性がふれ合ったかどうか、ということです。

これこそが、仏さまの願いにつながることです。仏さまの願いにつながったとき、光っているものが光っていると見え、大安心《だいあんじん》で生きていけるのです。

開祖さまは、「自分が正直だから、自分を疑《うたぐ》るところがないから、本当のありのままの姿で、仏道を正直に行じていると、心にいちばんの安心ができてくる。これほどの安らぎはない」とおっしゃっていました。「仏さまに教えて頂いたことを、守らせてもらっている」というところに、安心が生まれ、「もう、心配しなくても、仏さまがお護《まも》りくださっている」という大安心につながるのです。

仏さまの見方とは、相手の尺度に合わせる、あたたかい見方です。どんなときにもこの見方ができるか、それが、私たちが仏さまから頂いた課題です。慈悲の眼で、仏さまのような見方ができるようになったとき、私たちは大安心を得て、救われるのです。

20 慈悲の眼《まなこ》……法座《ほうざ》

「方等経典《ほうどうきょうでん》は為《こ》れ慈悲《じひ》の主《しゅ》なり」で、法座は慈悲をまず主としないとね。慈悲があれば、法座の問題のすべてが解決され、魅力のある法座になって話されたことが全部実行に移されていく。

（『ほっしん』H1・8）

開祖さまは「仏さまのような慈悲の眼で見ていけば、みんな幸せになれるんですよ」とおっしゃいました。どうしたら私たちは、開祖さまがお示しくださったように、慈悲の眼を持ち、法座で救いを展開していけるのでしょうか。「慈悲を主にする」とは、どういうことなのでしょうか。

救うはたらきをしてくださるのは仏さまですが、ご縁を頂いて相手にふれ合う私自身が、人さまの悩んでいる問題を通して、人の悩んでいる心の声を聞けるかどうか、共感できるかどうかが、法座が救いの場となるかどうかの分かれ目です。

人さまとのご縁を頂かなければ、自分一人で悟ったり、幸せになることはできないのですから、法座は、そのことを学び合う場なのです。

ある地区に、もう何年も家庭内別居しているご夫婦がいました。支部を挙げての課題として、一丸となって取り組んでいました。入れ替わり立ち替わり、手を替え品を替え、なんとかして二人が話をするようにとかかわるのですが、少しも変化しません。

そのことを、開祖さまに結んで頂く機会がありました。

「同じ家にいて、何年も口を利《き》かないでいる苦労が分かるかい。努力している夫婦なんだね。みんなで大事にしてあげるといいよ」

相手の人格を礼拝する心になったときはじめて、あなたの法を説く言葉が、そのまま仏さまの言葉として相手の心にしみ込んでいくのです。

（『ほっしん』H3・4）

開祖さまのお言葉を聞いた支部長さんは、初めは意味が分からず、ポカンとしました。けれども、自分たちがよかれと思っていたことが、全く逆であったことにようやく気がつきました。そのご夫婦の仏性を全く見ようとしていなかったのです。夫婦円満になってほしいと願うあまり、困った人たちを直してあげようと、言って聞かせてばかりいたのです。

みんなが仏さまの働きのなかで生かされているんだから、〝自分がこうなれば相手がこうなる〟ということが法座のなかには、一目瞭然《いちもくりょうぜん》と出てくるんですよ。仏さまの世界に生きていること、自分が仏さまに生かされていることを信じるのは、一人の人を信じることから始まるんです。ほんとうに信じればいいんです。

（『ほっしん』S62・10）

私たちはとかく、人さまの困るところばかりが気になり、直してあげたくなるものです。けれども、困ったことにしか思えない問題のなかにも、何か一つ有り難いことを見つけていくと、そこから道が開けてきます。そのためには、常にあたたかい慈悲の眼を持って見ることです。すると問題そのものが、「一点の明かり窓」、つまり仏性に気づくきっかけであることが分かります。その明かり窓を通り抜けることで初めて、すべてが仏性の現われであるという調和した世界が見えてきます。その調和した世界が見えたとき、救われが展開していくのです。

上手に法を説くよりも、人様に希望を持たせ、光明《こうみょう》を与えるような話し方をするべきであると思います。人々に生き甲斐を感じさせるような言葉を吐くように常に心がくべきであると思います。

（『交成』S33・8）

その後、支部長さんは、ご夫婦の努力を称える気持ちと、何かあればお手伝いしようという思いやりの心で、そのご夫婦を訪ねて行きました。すると家にはだれもいません。その日、ご主人が急に倒れたので、奥さんが救急車を呼び、二人とも病院に向かった後でした。

ご主人の退院後、ご夫婦そろって教会にお礼にいらっしゃると、初めて、家庭内別居にいたるまでの、さまざまな問題を自ら話してくれました。

自分の前に現われた人は、「この私に一つ一つ教えてくださるために仏さまがつかわしてくださったのだ」という気持ちで、合掌し、本当にその人の心を拝む。そうすれば、みんな、相手の方から正直に自分のことをいろいろ話してくださる。

（『ほっしん』H3・7）

相手に学ぶとは、苦労の原因を追及することではなく、苦労している人が、苦労しながらもなぜ生きてこられたのか、なぜがんばれたのかという、その人の宝物を聞かせてもらうことです。その人の仏性を認め、拝んで、その人に仏性を自覚してもらうところに、真の救いがあるのです。

私たちは、仏さまから、一生使っても減らない宝物を頂いて生まれてきたのです。ここまで生きてきた人生のなかにも、仏さまから頂いている宝物がたくさんあります。幸せを実感するためには、その宝物を悩みのなかからも発見することです。

悩みは悪い結果ではなく、気づくきっかけです。苦労している姿も慈悲の眼で見れば、菩薩行と見え、そのまま「幸せのもと」になります。

開祖さまのように慈悲の眼で人さまの悩みを聞き、悩みを宝物にできれば、法座で話された問題は決して噂話《うわさ》にはなりません。それどころか功徳の話となって、喜びの心が広がっていきます。すると法座が、みんな安心して話ができ、生き生きと法が展開する場となるのです。

法座は立正佼成会のいのちである。信仰活動の核心である。

（『庭野日敬自伝』Ｐ１８９）

「まだ足りない」「もっと、こうなるといいのに」という向上心も、いまの喜びを味わうことがなければ、それはいつも苦労の種になります。幸せになる人は、喜びを見つけることが上手な人です。有り難いことを探すと豊かな人生になり、不足に目を向けると苦労する道を歩むことになるのです。
「人間は、悪いところばかり言ったり見たりしてはいけない。その人の努力しているところ、苦労しているところを、思いやりを持って見てあげるんだよ」

そうおっしゃっていた開祖さまの、あたたかいまなざしが思い出されます。

まず自分が、仏さまと同じような、あたたかな、清らかな心にならなくては、相手の人をお救いすることはできない、ということです。

（『三霊山瞑想』 P86）

21 仏性を発見する……懺悔《さんげ》

最も根源的な懺悔は、仏さまに生かされていることをしっかりと思い出すことであり、「仏さまに生かされていながら、それにふさわしい行動をしているかどうか」を反省することである。

（『法選』別　Ｐ１５８）

開祖さまは、「素直な懺悔ほど、尊いものはない。素直に懺悔のできる人は、すぐに救われるんだよ」と、おっしゃっていました。

懺悔とは、単に過去の行ないをふり返り、後悔することではありません。「ありのまま」を見ることができなかったこと、仏さまの願いに気づかなかったことを懺悔するのです。それが仏になる道を歩む私たちの「懺悔」です。本当の懺悔ができたとき、その問題の起きた本当の理由が見えてきます。その理由は、「そのことが起きた原因」ではなく、「そのことが起きた目的」なのです。

最高の懺悔はすべてのものごとのほんとうのあり方をとらえる〈諸法実相を観る〉ことにあるのだということを、ここでハッキリと教えられています。

（『新釈』10　P172）

私たちが仏さまに近づけないとき、それはものごとを善悪で見ているときです。もっと幸せになりたいと願い、同じ過《あやま》ちをくり返さないようにすることも大事です。

けれども、法華経の世界は、ものごとを善悪で見て、自分の悪いところを直して変わる世界ではありません。善悪を超えた仏さまの願いに気づくことで、心が苦から離れ、「ああ、そうだった。私の生きている目的はここにあったのだ」と、いまいるその場、自分の住む世界がそのままで、泥沼に花が咲いたような世界に一変する。それが法華経の世界です。

仏教でいう懺悔とは、自分の本質の尊さと、現実の自分の不完全さの両方を、つねに凝視《ぎょうし》することをいうのです。

（『法選』別　P156）

若い女性がいました。彼女は体が弱く、よく体調を崩しては入院し、点滴の注射を受けていました。ところが、血管が細く、点滴の針がうまく入りません。血管を探しながら何度も針を刺し、痛い思いをして、ようやく入るということが続きました。この女性は、点滴のたびに担当医師に対して腹を立てていました。

「いつもこんな目に遭わされて、なんて腕が悪い先生でしょう。もっと上手な先生はいないのかしら」

そんな思いをつい口に出した女性に、開祖さまがこう言葉をかけました。

「あなたに点滴をするために、先生はいつも苦労しているんだよ。こんなに自分のためを思ってくれる人がいるなんて、幸せなことじゃないか。先生の責任にして病気が治るならば、それでいい。でも、信仰はそうじゃない」

ハッとしました。自分の見方が間違っていたと、心から思いました。すべての人を拝める自分になるために、この出会いがあったのだ、と思えたからです。それ以来、彼女は「先生、いつもお世話になります」と、ていねいに頭を下げ、診療を受けるようになりました。

開祖さまのお言葉で、すぐに懺悔ができ、不満を感謝に切り替えることができたこの女性は、問題を宝物とし、喜びにすることができました。宝物に目を向ける回数を増やすことで、私たちは喜びの多い、豊かな人生を送ることができます。懺悔というのは、どのような心で生きればいいのかが分かることです。仏性から出る言葉でふれ合えばよかったのだと分かることです。だから「懺悔は喜び」なのです。

私どもの心が懺悔をして清浄《しょうじょう》の気持ちになると、たちまちに仏さまの心と感応《かんのう》するわけであります。

（S48・9・23　普門館）

仏さまの願いは「仏性に気づくこと」です。ですから、問題を解決するためではなく、自分の仏性に気づくためにこそ、懺悔するのです。仏性に気づき、自分の見方が救われの世界を見る「仏の見方」に変わったとき、苦しみすら、仏になるための縁だったことが分かり、喜びになるのです。問題そのものが、仏さまの救いなのですから、気づけば卒業です。私たちが仏さまの願いに気づき、仏性を開けば、オセロゲームの駒がパタパタと裏返っていくように、問題は消えていきます。法華経の懺悔は、人さまと一緒に、仏になることです。

22 いのちのもとに出合う……先祖《せんぞ》供養《くよう》

先祖供養とは、この自分のいのちの本《もと》を知ることなのです。自分のいのちの根を知ることなのです。それによって生かされている有《あ》り難《がた》さに目覚めることが先祖供養の出発点です。

（『躍進』S54・4）

開祖さまは「佼成会の教えは、先祖供養と親孝行だよ」と、よくおっしゃいました。数え切れないほどのご先祖さまがいてくださり、そのいのちが途切れることなくつながった結果、いまここに「私」が存在しています。ご先祖さまは、いまの自分を生かしてくださる、いのちのもとなのです。そのいのちのもとであるご先祖さまの思いを感じることで湧いてきた、あたたかい心を形に現わしたもの、それが先祖供養です。

いま直面している苦の原因を探していくと、「困った先祖がいるから」と受け取りがちです。困ったご先祖、苦しんだご先祖がいると、幸せの妨《さまた》げになる。だからそれを清めるためにご供養する、というのでは、ご先祖さまの人生が報われません。

どんなに苦しんだ人生も、みんな精いっぱい生きてきた人生です。「ずいぶん辛い思いをして生きてきたんだな。そのお陰でいまの私がいるんだな」と先祖供養を通して、ご先祖さまを思いやっていくのが法華経の発想です。

こちらがあたたかい縁となり、思いやりの見方になることで、どんなご先祖さまの人生にも、必ず仏性が見えてくるはずです。すると、ご先祖さまの人生に対する認識が変わってきて、感謝の気持ちが湧いてくるのです。そして、そのいのちを引き継ぎ、願いを受け継ぐ自分の値打ちが分かり、そこから私たち子孫の人生も変わっていきます。

自分が今日《こんにち》この世に存在し得ているのは先祖のおかげであることは言うまでもありません。これを一本の樹木にたとえるならば、先祖が根であり、私ども子孫は枝葉であり、幹は両親ということになりましょうか。枝葉をしげらせ、花や実をつけるためには、まず根に栄養を与えなければなりません。この順序をわきまえてこそ、自然の恵みをうけ、また、それが人間の道にかなうのです。

（『法選』4　P248）

六人兄弟の末っ子として生まれたものの、幼い頃に両親を亡くし、お姉さんに育てられたという女性がいました。育ててくれた姉や、ほかの兄弟も次々と病《やまい》で他界し、ついに自分だけが残されました。体が丈夫でないため、いつも風邪の治りが遅く、ひどい頭痛にも悩まされます。体調が悪くなるたびに「私も両親や兄弟と同じように、早死する因縁なのかもしれない」と、いつも不安に思っていました。あるとき、その思いを開祖さまに聞いて頂きました。すると、開祖さまはこうおっしゃいました。

「心配しなくていいんだよ。ご両親やご兄弟が、みんなあなたに願いを託し、いのちを残していってくれたんだから。みんながあなたを守っているから大丈夫。きっと、元気で長生きするよ」

その言葉にホッとしました。心の底の不安がすっかりなくなり、そこにはあたたかい親や兄弟の思いが残りました。そして、亡くなった人たちへのあたたかい感謝の気持ちが湧いてきて、それからは心からのお礼のご供養ができるようになったのです。その後は、不思議と体の調子が悪くなることがなくなったそうです。

たたりを恐れて先祖の霊を拝むのではなく、感謝の念をもって先祖の徳をあがめ、そして先祖に安心していただけるような自分になりますと誓い、努力するという思いが骨子《こっし》にならなければいけないと思います。それが供養の出発点です。

（『法選』4　P248）

ご先祖さまに対しても、生きている人とのふれ合いと同じです。「人に恨みを買うような先祖がいたから、その子孫である自分が不幸になる」と悪因悪果で見てしまうと、ご先祖さまを変えることはできませんから、救いがなくなります。それでは信仰をする意味もなくなってしまいます。

悩みや苦しみの原因を探すことは、ご先祖さまや、自分自身の生きてきた人生を否定することにつながってしまいます。過去を知るのは、いまの功徳や救われを確認するためです。いまの人生のなかにある、仏さまのはたらきを見つけるために、ご先祖さまの人生から学ぶのです。ご先祖さまの思いを知ることで、いまの救われを実感することができます。

自分が悟るために、自分が幸せになるためには、自分のもとを拝むというところから、自分の心が無垢清浄《むくしょうじょう》になるように拝むわけです。

（『ほっしん』S61・8）

自分の過去が変えられないように、ご先祖さまの人生を消すことはできません。どんな人生だったとしても、子孫である私たちがそれをあたたかい見方で見て、思いやりの心を発揮する縁にして、よりよい人生を送っていくことができたなら、それはご先祖さまのお陰です。子孫である私たちがそう思ったら、ご先祖さまはどんなに嬉しいでしょう。

法華経は縁起観ですから、すべての出来事を自分の仏性を開く縁にすることで、みんな救いのもとになります。変えられないはずの過去までが、すべて尊い宝物になる。それが開祖さまの教えてくださった法華経の尊さではないでしょうか。

23 仏ごころを発揮する……布教伝道《ふきょうでんどう》

本会の活動として、〝総手どり〟と言うことをよく申しますが、それは仏性の開顕をみんなでしていこうという呼びかけなのです。

（『法選』3　P272）

開祖さまは、「立正佼成会は、法華経の中身を布教する会なのです」とおっしゃいました。

法華経には、さまざまな譬《たと》え話があります。そのなかで仏さまは、み教えという良薬をくださるときも、無理やり口をこじ開けて飲ませたり、飲まない人を責めたりするようなことはありませんでした。いつも私たちを信じて辛抱強く待ち、欲しがるものをくださり、喜ばせ、安心させながらこの道に引き入れてくださったのです。

法華経に説かれているそのままを行なうこと。それが、法華経の中身を布教することではないかと、私は思うのです。

私たちは、仏さまに代わって人さまに教えてあげるというより、仏さまのお手伝いをさせていただくのだと考えればよろしいのです。富楼那《ふるな》尊者のように、仏さまの説かれた仏法を広宣して、実行できるような人が立派なのです。

（『法選』4　P275）

お導きや手どりは、人さまと自分の間にあたたかい心を通わせるための行ないです。また、自分がどれくらい感激し、救われているかを確認できる

〝成長の種〟です。

そのなかで、私たちはまず、人さまの悩み、苦しみ、喜びに共感し、そのなかから徳と行を見つけ出して合掌し、学んでいくことが大切です。そのときに欠かせないのが、相手の幸せを願う言葉、そして相手を仏と見る言葉です。

人を導くコツはただ一つ、相手の幸せを心から思うことだ。すべてはここから出発する。

（『法選』別　P177）

ある青年婦人部長さんのお話を聞かせて頂きました。せっかく手どりをしても、お誘いした方が当日になって突然、「子どもが急に熱を出したので、今日はお休みします」と言われることがよくあるそうです。そんなとき、とても残念な気持ちになり、「お役を優先し、子どもの発熱という出来事を通じて、ご守護の世界を感じてほしかったのに」と、思ってしまうのです。けれども、そういうふれ合い方でいいのか、自分でも迷ってしまうということでした。

私は、婦人部長さんにお話ししました。

「そんなときは『やさしいお母さんで、お子さんは幸せね。大変だと思うけど、一生懸命お子さんを看《み》てあげてね。お手伝いできることがあったら言ってね』と安心させる言葉、認める言葉をかけてあげたらいかがでしょう。『どうして来ないの?』と言われるより、私ならずっと嬉しいと思います。そういうやさしい言葉をかけてくださる部長さんが、〈本当に来てほしい〉という思いをそのまま伝えたら、その方は必ず来てくださるようになると思いますよ」

われわれ普通の生活をしている者にとっては、煩悩《ぼんのう》をすっかり滅除《めつじょ》することは不可能です。観普賢経《かんふげんきょう》にもありますように、「煩悩《ぼんのう》を断《だん》ぜず五欲《ごよく》を離《はな》れずして」心の安らぎを得なければなりません。

（『躍進』Ｓ49・2）

「こうあるべきだ」「これがよい事だ」と、法則を相手に押しつけると、どこかに無理が出て、自分も苦しくなります。法則は、人にあてはめるためにあるのではなく、人が幸せになるためにあるのです。

本当の「ご守護の世界」は、いま頂いている出来事のなかに、救いや喜びを共に発見することなのです。こちらが感じ取るのです。

思い通りにならない現実にとらわれず、あたたかい気持ちで相手の仏性を見つけ出すことです。言葉が相手に伝わるのではありません。その心が、あたたかさとなって相手に伝わっていくのです。

ほんとうの安らぎ、ほんとうの満足をあたえてくれるような教えに接すれば、喜んでそれを迎えるのです。

（『新釈』7　P141）

けれども、このような悩みは、たくさんの方とふれ合い、たくさんの方を心配して、思いやっているからこそ感じられることです。そんな素晴らしい部長さんに拍手の気持ちを込めて、「人さまのために心を使っている部長さんは、素晴らしいですね。そんなふうに出会いを通してやさしさを発揮できていること、それ自体を喜んでくださいね」と申しあげました。

すると部長さんは明るい顔で、「あたたかさを発揮している自分を認められると、人のことも認めて、あたたかく包んでいけますね」とおっしゃっていました。

話し合う機会によって、話を聞かせて頂いた因縁というものによって、目覚める種がそこに生じる。『仏種《ぶっしゅ》は縁《えん》に従《よ》って起《おこ》る』というように、仏になる種は縁によって起こってくるのです。

（『ほっしん』 H4・1）

相手がいるお陰さまで、布教伝道ができ、人とふれ合うことで、あたたかい心を発揮することができるのです。教えのために人がいるのではありません。人のために、人が幸せを感じるために教えがあるのです。

ですから、人さまに教えようとするよりも、まずは手どりに行けることを喜んで、そして自分の嬉しい気持ちやあたたかさを伝えればいいのです。気負わなくても大丈夫です。そのふれ合いのなかで、自分にも相手にも仏性を見つけ、あたたかさを感じていく。自分のあたたかさを感じられたら、次の出会いを求めて出かけて行きたくなるかもしれません。

相手の幸せを願って、導きや手どりに歩いてみると、いつの間にか自分が向上し、仏さまの心に近づいて来るのです。常不軽菩薩品に「人《ひと》の為《ため》に説《と》きしが故《ゆえ》に、疾《と》く阿耨多羅三藐三菩提《あのくたらさんみゃくさんぼだい》を得《え》たり」とあるように、人に説くことによって、自分が仏になれるのです。

自分もまた、その人にとってよい縁となりつつその人の信仰を育てていかなければなりません。それがいちばんの近道であり、またほんとうの道でもあります。

（『新釈』4　P65）

「〈一人が一人を導いてください〉というのは、相手の方に何とか幸せになってほしいと願い、ふれ合うことによって、自分自身が精進できるからなのです」と開祖さまはおっしゃっています。

布教伝道に歩くことで、人さまが抱える問題によって自分が学び、成長でき、ほんものの人生を歩き出すことができます。相手を直すことよりも、自分の心の焦点を、相手を思う仏さまのような心に少しずつ切り替えていくと、仏さまがその心に見合った果報をくださいます。それを味わうことが、私たちの布教伝道です。

「最終的には仏さまの教えられた正しい世界観・人生観へみちびくのだ」ということを、つねに念頭においていなければなりません。

（『新釈』4　P66）

私たちは「仏さまの使い」です。仏さまの使いの役割は、人の仏性を拝むことです。まずは「この人なら安心して話せる」という雰囲気をつくるために、心を真っ白にして、先に答えを用意せず、話を聞かせて頂くことです。するとと、苦労している人を「努力している人」、辛い思いをしている人を「人さまに尽くす菩薩」と思える、そんなあたたかい眼を持つことができます。そういう眼で見れば、自分勝手に見えた人も「思う存分自分を発揮できる人」に変わるのです。

あらゆる人間が仏性をもっていること、いや人間がほんらい仏性そのものであることは、どこから突いてもまちがいのない真実です。

（『法選』別　P56）

たとえこちらが相手のためを思っていたとしても、自分の欠点を直そうと思っている人に対して、人は心を開いたりはしないものです。まずは「あなたは素晴らしいのね」と声をかけてみましょう。

人の心は正直です。あたたかくされれば、あたたかく返してくれます。自分を認めてもらえると安心して、心が苦しみからふっと離れ、前に進む力が湧いてきます。そこからがスタートなのです。

お導きほど功徳のあるものはありません。お導きとは、仏さまの分身をつくることなのです。

（『法選』3　P270）

開祖さまは「仏縁の種をまくということは、このうえない功徳だ」と教えてくださいました。私たちが布教伝道に歩くことで、ご法に出遇い、幸せになれる人がいる。そのことを誇りに思い、歩きたいものです。

24　日々仏になる……在家仏教《ざいけぶっきょう》

仏法とは、つまるところ生活です。生きている人間の生活のしかた、あり方を教えるものなのです。

（『法選』別　P189）

開祖さまは、「自分のいるその場所で、法華経の世界観を生かしていく。つまり、あたたかな出会いをつくっていく。そうして精進していけば、仏さまのように後光の差す人になっていくのです」と教えてくださいました。

私には、四人の子どもがいます。子どもたちを置いてお役で出かけるとき、泣きながら「行かないで」と言われることがあります。子どもに寂しい思いをさせるのは、母親として何より辛いことですし、悲しい思いがします。どうしてこんな思いをしなくてはならないのかしらと、かわいそうにもなります。

ところが、その大騒ぎが毎回となると、今度は自分の都合で〈まったく、いつも聞き分けがなくて困ってしまう〉と思ってしまうこともあります。けれども、この子どもとの何気ない日常のなかの小さな一つの出会いを通して、そのなかに仏さまのはたらきを見ようとすると、何が見えてくるでしょう。

子どもが「行かないで」と言うその言葉の奥に、私には「お母さんが大好き」という心が見えてきました。四人の子どもがそれぞれ、泣いたり怒ったりしているけれども、それはみんな私に「大好き」って言っているのだと思えたら、本当に嬉しくなり、子どもたちがいとおしくなりました。

そこで私もお返しに、あたたかくなった自分の心をいっぱい込めて「お母さんも大好きよ。どうして行かなくちゃいけないのかしらね。お母さんも寂しい」と声をかけます。「私もあなたが大好きよ」というその気持ちを言葉にするのです。

たったそれだけのことですが、私たち親子の間に、何かあたたかいものが通い合います。すると子どもたちは、泣きながらも「いってらっしゃい」と手を振ってくれるのです。この、子どもとの出会い、いえ、別れのときが、私にとっては何より大切な、宝物のようなひとときです。

毎日毎日に、一瞬のなかにも、「仏さまと同じ気持ちを持たせてもらおう」ということが、精進ではないでしょうか。

世法を棄《す》てて仏法を行じるのでもなく、世法の合間に仏法を修するのでもない

のです。一日二十四時間を、いかに生きるか、その支えとしての仏法を、どういうふうに受持《じゅじ》するかであります。

（『法選』別　P189）

開祖さまのお姿を思い出してみると、仏性というものは、単なる「長所」とか「正しいこと」ではないような気がします。それは何かあたたかいものではないかと私には思えるのです。

私たちが仏さまから求められていることは、いつも相手の言葉や行動の奥にあるあたたかいものを見つける努力を重ねて、自分もあたたかい言葉をかけていくこと。もしかすると、本当は、それだけでいいのかもしれません。

そういうあたたかい出会いをくり返すことで、私たちはいつか仏になれるのです。と同時に、毎日の小さな出会いのなかで、その一瞬には完全な仏になる、それが在家《ざいけ》菩薩の修行ではないでしょうか。私たちは毎日仏になるのです。

人のために尽くせば、その間だけでも自己を忘れ、仏になれるのです。

（『法選』別　P72）

毎日の生活や出会いのなかで、自分も人も同じように、そのままで光り輝く仏性を持っていることに気づき、それをはっきりと生き方に現わす、それが在家仏教です。生きるのは仏になるためという、目的を自覚して行動する菩薩です。

25 自分が変われば……一念《いちねん》三千《さんぜん》

自分の一念が仏さまのみ心のとおりに定まると、人さまの幸せを心から願うその一念が相手に伝わり、さらに第二、第三の人に次から次へと伝わって、幸せの輪が広がり、そしてもちろん、自分も仏果――恵みがいただける、ということになります。

(『三霊山瞑想』P86)

開祖さまは「幸せになるには、まず自分が変わることだよ」と教えてくださいました。それは何か行動を変えるというような、表面的なことにとどまらず、まず自分が「いまをそのまま喜ぶ仏さまの見方」に近づこうとすることです。
私たちは、すべてが必ず変化していく無常の世界、縁起の世界に生かされています。縁起の世界に生きているのですから、「いま」を肯定し、功徳と思えれば、それは過去がよかったことになり、それならば未来もよくなるはずです。

私たちのまわりにはさまざまなことが起こります。人間関係においても、気の合う人、気の合わない人などさまざまな人がおります。それらをみな、自分の思うとおりにしようとしても無理なことで、まず自分の一念を正しく定めること、一念が定まれば相手の人の考え方も行動も一念のとおりに整っていくものなのです。

（『三霊山瞑想』　P80）

人に対しても、また自分に対しても、変えようとするのではなく、「仏性そのまま」であると見て、苦労は努力なのだと見ていくことです。よくないところを見つけて、直そう、変えようとすると、せっかくあたたかい思いで努力しても、なかなか思い通りにいかず、相手もこちらも苦しい思いをしてしまいます。

ある幹部さんが、日頃ご主人に「おまえの信仰は自己満足だ」と言われ、反対されていることを開祖さまにご指導を頂きました。開祖さまは、こうお答えくださったそうです。

「そりゃ、あなた、ご主人に褒められたのだよ。自己満足できる信仰なんて、最高の幸せじゃないか。褒められたと思って感謝すればいい」

宗教というものは、本当は心に受ける真の喜びによって、心が開放され、束縛

のない、大自然の恵みをありがたく受けとれる気持ちになること、これがご利《り》益《やく》であって、それにつれて生活が豊かになり、すべてのことがうまく回ってくるというのは附属品なのです。

（『法選』別　Ｐ１２１）

確かに、ご主人に「自分勝手で一人よがりの、自己満足の信仰だ」と言われ、辛く悲しい思いをしました。けれども、どこかに「私が信仰しているお陰で、わが家は幸せでいられるんだ」という気持ちがあり、変わるべきなのは主人であって、私ではない、そう思っていました。感謝されるはずの自分なのに、どう変わればいいのか、分からなかったのです。

ところが、開祖さまはあっさり「ご主人に褒められたのだから、感謝すればいい」と、おっしゃいます。信仰の基本は喜ぶ心です。それをだれよりもよくご存じの開祖さまだからこそ、常に喜ぶ見方ができるのです。自分が喜びの心になったとき、その喜びの一念が、周囲に広がっていくのです。

私たちは、人さまのために菩薩として動いているのに、それをどれほど喜びに思っているでしょうか。信仰していることが、どれほど有り難いことなのか、その価値を本当に自覚しているでしょうか。

「自己満足だ」と言われた言葉を、反対されたと受け取るよりも、自分が喜びを持って信仰をしている証《あかし》であり、素晴らしいことなのだと思い、その喜びの心でご主人に接することが信仰の醍醐味《だいごみ》なのだと、開祖さまは教えてくださったのです。

仏さまはいつでも大慈大悲をもって私たちをお護り下さっています。そして素晴らしい修行のできるような人には、都合のよいことばかりでなく、ある時には困難な試練を与えて下さいます。その困難を乗り越えることによって仏さま

の大きな親心と、私たちがその仏さまの子であることに本当に目覚め、真の幸せの境地を得ることができるのです。

（『ほっしん』H4・2）

私たちが生きている世界は、絶えず変化している無常の世界です。その変化する世界をどのように変化させることができるかは、自分の心一つなのです。

無常とは一生学び、向上することのできる希望の世界です。仏性に気づき、喜ぶ見方へと心を変化させれば、いままで対立するように見えていた関係も、両方共が○《マル》になり、光り輝く仏性の世界が展開するのです。

ほんものの喜びを知った開祖さまの見方によって、いままでに数え切れないほど多くの方たちが救われてきました。ほんものの喜びを知った人の見方によって、世界がどのように変わっていくのかを見せて頂いてきたのです。

私たちには、なかなか開祖さまのように簡単にはいかないかもしれません。それでも人さまの姿や言葉のなかから、何が苦しいのかを理解し、相手の仏性の声をよく聞くことです。その上で、共感を持って相手にかけるあたたかい言葉は、いまの自分の喜びを精いっぱい表現したものであり、慈悲と智慧の結晶です。

「どうか幸せであることに気づけますように」とふれ合うと、人は自ら変わることができるのです。

自分の心の一念は三千に現われます。つまり、一念三千であります。心が軌道に乗って、神さま、仏さまの摂理《せつり》にかなっていれば、子どもや孫と一緒に、楽しく暮らせるようになるのです。私の家などは、とてもにぎやかです。朝家を出るとき、夜家に帰ったとき、七歳を頭に四人の孫が寄ってきます。「お若い

のがまた来ましたなあ」などというと、みんなはしゃいでいます。孫がいるから笑いがとまりません。

（『法選』4　P89）

26 菩薩の誕生する家庭……斉家《せいか》

人間はだれしも、心の奥底に素晴らしいものをもっています。大切なのはそれを引き出すことです。

（『法選』別　P58）

「うちの豆菩薩《まめぼさつ》たち」。そう私たちに呼びかけてくださった開祖さまの笑顔が、あたたかい声が、いまも心に残っています。

「豆菩薩」と呼ばれて育った私たちは、まだ幼くて、その本当の意味が分からなかったけれど、祖父のあたたかい笑顔と声から、それはきっととても素晴らしいものに違いないと思いました。そして私たちはその素晴らしいものなんだ、そう思い込んで育ちました。

「起こさしめるというのはね、そういう気持ちになりなさい、そういう心を起こしなさい、と口で言うことではないんだよ。仏の心を起こさしめるような縁に、自分がなれるかどうかなんだよ」という、ご自身のお言葉通り、開祖さまはいつも私たちに、よい心を「起こさしめる」ふれ合いをしてくださいました。

「豆菩薩たち」という言葉で、菩薩になりたいという私の心を引き出してくださったのです。

教育は、押し込むことではありません。引き出すことです。それぞれの人間にふさわしい特性を、引き出し、育てることです。また、すべての人間に、人間らしい心を「起こさしめる」ことです。

（『佼成』S52・4）

私の学生時代のことです。ある日友人と夕食に出かけて、帰宅するのが思いのほか遅くなってしまったことがありました。あわてて帰ってきたのですが、途中で電話をしていなかったので、きっと両親が心配しているだろうと思っていました。けれども、こちらにも言い分があります。叱られたらこう言おう、などと思いながら玄関を入りました。

居間に入ると、私の予想に反して、そこにはたった一人で開祖さまがテレビをご覧になっていました。いつもなら、もうご自分の寝室に戻られている時間です。寝室にもテレビはあるはずなのに、どうしたのかなと思いながら「ただいま帰りました」と声をかけました。すると「おお、帰ったか。よかった、よかった。安心させてもらったよ。ありがとう。そろそろ寝るかな」と、開祖さまは、さっとテレビを消して立ち上がり、「それじゃあ、おやすみ」と寝室に戻られました。あっという間の出来事で、気がつくと私は一人で立っていました。いまのは何だったんだろう、と思いました。

開祖さまは「安心したよ、ありがとう」とおっしゃいましたが、別に私は何か安心させるようなことをしたわけでも、お礼を言われるようなことをしたわけでもありません。本当は私を心配して、一人で起きて、待っていてくださったのです。

開祖さまはひと言も「心配したんだぞ」とか「早く帰ってこなくちゃだめじゃないか」とはおっしゃいませんでした。でも私はそのとき、開祖さまにはもう絶対心配をかけまい、心からそう思いました。

家庭成仏も一念三千を上手に享受《きょうじゅ》して、家族に対して、ほんとうの、仏性から出てくる真心の気持ちで語りかけていけば、家中の人が真心の気持ちで語りか

け、話し合いのできる家庭になっていくわけです。

（『ほっしん』 S62・8）

以前、ある方から「開祖さまはご自宅では、どのようなご指導をなさるんですか」と聞かれ、驚いたことがあります。開祖さまが家で私たちに「ご指導される」ということはありませんでした。私たちにとっては、〝やさしくて大好きなうちのおじいちゃま〟でした。

開祖さまといると、そのあたたかいふれ合いで、いつも私たちを「善なるもの」として尊重し、大切に思ってくださっていることを感じ、安心しました。その思いに応《こた》えたいという心を引き出し、育《はぐく》んでくださいました。そして、仏さまへと向かう道、「一乗の道」に一緒に乗せてくださったのです。

世のためとか人のためとかいうのは、一見損のような気がしますけれども、そ

れを一生懸命にやっているうちに、みんながついてくるようになるのです。家の者がみんな寄ってきます。孫もついてきます。家庭が本当の憩いの場所になるのです。

（『法選』4　P89）

27 日月の光明……開祖《かいそ》さま

本当の信仰に徹すれば、その人のもつ雰囲気がちがってきます。いかにも明るい、自信に満ちた、しかもすべてに積極的で献身的な気分をもつようになります。それが、顔つきにも、言葉つきにも、行ないのうえにも、ひとりでににじみ出てくるのです。

（『法選』別　P120）

あるとき、佼成会の本部を訪れた僧侶のお一人が、こうおっしゃったそうです。

「あなたがた、開祖さまが皆から合掌されて、先生、先生と言われている、あのお姿だけを見ていてはいけませんよ。あんなにみんなから合掌されるようになるまでの間に、どれだけのご苦労をされたのか、それを見落としたら、救われませんよ」

教団の歴史と開祖さまのご生涯をふり返ってみると、開祖さまが決して恵まれた人生ばかりを歩んできたのではないことが分かります。それどころか、まるで自ら選ばれたかのように困難に立ち向かい、厳しい条件のもとに何度も立たれました。けれども、開祖さまはそれらの険しい道のりも、すべて神仏のはからいと信じ、一乗の精神で生きがいとやりがいを持って、おおらかに喜んで進んでこられました。

素直に信じている人は、輝いていて、後光《ごこう》がさしているものです。そういう人になりたいものです。

（『三霊山瞑想』Ｐ１４５）

昼には太陽の光となっていのちをはぐくみ、闇夜には月明かりとなって人びとに安心（やすらぎ）を与え、人生という道を行く人びとの足元を照らし出す——。「明」という字が「日」と「月」からできているように、嬉しいときも、悲しいときも、私たちの弱さもご承知で、どんなときでも、あたたかいまなざしを向けてくださる光のような方、それが開祖さまでした。

開祖さまは、「一仏乗」という光が絶対の光であることを、いつも先頭に立って示してくださいました。そして、私たちに生きる勇気と希望を与え続けてくださいました。

私は苦労を苦にしない性で、もともと楽観主義者なのです。十七歳で新潟の山村から上京したのですが、そのとき、父が「身を立てたいと思うなら、いちば

ん骨が折れ、働く時間が長く、月給の安いところで働け」という言葉を餞《はなむけ》にしてくれました。（中略）私が世界宗教者平和会議の世話役のような仕事をしていまして、宗教協力に努力しておりますのも、父の言葉が心の底にあるからです。

（『法選』4　P93）

開祖さまは、よく若い頃の話をしてくださいました。私は小さい頃から、そのお話を聞くのが大好きでした。それは開祖さまがいつも、楽しかった話、嬉しかった話ばかりをしてくださったからです。

山奥の貧しい村で育ったことを、開祖さまは「これ以上ない幸せなことだった」とおっしゃっていました。子どもの頃から仕事を手伝ったことも、二男だったことも、東京へ出てすぐ関東大震災に遭ったことも、軍隊へ行ったことも、漬物をつくって売り歩いたことも、開祖さまにかかっては、すべて

「楽しかった、有り難かった」話になってしまいます。そういう話は何度聞いても飽きることなく、たとえ続きが分かっていても、わくわくしながら聞いていいました。

おなじ一生を送るならば、ありがたいという感謝と歓喜のうちに送ったほうが、自分もしあわせだし、まわりも明るくなるし、世の中もおだやかになる道理ではありませんか。

（『佼成』S43・7）

海軍時代には、当たり前のように部下を殴る上官が多いなか、「殴られなければ分からないような人間はここにはいない」と、人間を善なるものと信じ、ご自分は部下の代わりに皆の前で殴られても、部下には一度も暴力をふるいませんでした。

私はほんとうに、どこへいっても恵まれています。軍隊のときも、みんなつらいつらいと言っていましたけれども、私は海軍の三年間の生活が、いちばん自分の思う存分やれて、プラスだったと思っています。

（『法選』4　P68）

昭和三十年頃、新宗教の急激な発展に対して世の中の警戒心が高まり、読売新聞が立正佼成会を批判するキャンペーンを展開したことがありました。その執拗《しつよう》な報道が影響し、開祖さまは参考人として衆議院法務委員会に呼ばれました。

そのときの開祖さまのお言葉が、記録にひと言漏らさず残っています。私はそれを読んだとき、このような試練にさえ、開祖さまはこんなに堂々と臨まれたのかと、立正佼成会の会員であることを誇りに思わずにはいられませんでした。

開祖さまは、「自分を含めた全信者が、法華経による本来の救護《くご》と修行に立ち返るはからいである」とおっしゃり、この読売事件さえも学びとして感謝し、発端となった新聞社に対して「読売菩薩」と呼び、礼拝されました。

私は、仏さまを自分の心の中にしっかりと受けとめておりますから、どのようなことがあっても、動揺しません。

（『法選』4　P231）

開祖さまは、その九十三年におよぶご生涯において、私たちにはとても真《ま》似《ね》できないほど多くの、素晴らしい業績を遺されました。そのなかでも、私たちが開祖さまと出会っていちばん有り難かったのは、本当に価値のあることを価値があると見ることのできる自分にならせて頂けたことです。

生きとし生けるもののすべてが救われていくということを教えたものが『法華経』だとわかったとき、「自分が求めつづけてきたものは、これだったのだ。この『法華経』を、ひとりでも多くの人に知ってもらわなくちゃならん」と決心したのです。

（『法選』4　P137）

開祖さまは、私たちの不安を安心と喜びに変え、失敗やピンチをチャンスに変え、人生の苦しみや悲しみをそのまま仏さまに変えてくださいました。そして、決してぶれることのない信仰の光で、周囲に明るい希望と安心を与え、共に歩む道へと引き入れ、「一乗の道」を歩ませてくださったのです。

自分の使命を果たさせていただきたい、というのが私の祈りでね。

（『ただひたすらに』　P32）

28 あるのは縁だけ……耕心《こうしん》

法華経というのは出会いのこと、出会いを大切にしなさいという教えなんだよ。因縁というのも出会いのことでね。出会い、ふれ合いを素晴らしいものにしようというのが仏さまの願いでね。

（『ただひたすらに』P84）

開祖さまは「あるのは縁だけだよ。縁起だけだ」、そして「この『縁』というものが、実に大事なんです」と、おっしゃっています。

あるとき出張先へ向かう新幹線で、開祖さまがお手洗いに立たれました。ずいぶんたって席に戻られた開祖さまを心配して、秘書の方が「ご気分でも悪いんですか」と、お声をかけました。すると、「いや、汚《よご》れていたから、ちょっと掃除をしていたんだよ」というお答えだったそうです。

これは、お手洗いが汚れていれば、きれいに掃除をしましょうという道徳の話ではありません。その開祖さまの姿を見ていた秘書さんがいるから、私たちはこの話を知ることができますが、その後も開祖さまは一度も「私でさえ新幹線のトイレをきれいにしているのだから、皆さんも教会の当番のときくらいはきちんとしなさい」などと、おっしゃったことはありませんでした。

私が、皆さんに幸せになってもらいたい、と祈ることは祈っておりましても、私が幸せにしてさしあげることはできないのです。（中略）その人の今日の幸せは私が与えたものではなくて、自分で努力し、精進を重ねて、仏法の因果の理法によってかちとられた幸福なのであります。

（『法選』3　P356）

私たちだったらどうでしょう。そんなに汚れたお手洗いだったら、悪縁にふれたと思って、開けた瞬間に閉めて隣に行き、隣が空いていなければ、次の車両までも行くかもしれません。

ところが開祖さまは、「次に来る人が気持ちよく使えるように」と、よい行ないをする縁になさったのです。汚れていたという縁があったから善行が積めるのです。悪縁にふれても、それを善縁に切り替えていく。すべての出合いを大切にし、縁を通して自分の心を耕していくとは、こういうことです。自分の心を耕すことが、そのまま、人さまのための菩薩行になるのです。

隣人を尊敬して、お互いの因縁を善縁として結ぶ、（中略）社会のために自分のでき得る限りのことを、おつとめをさせてもらう――こういう考え方でお互

いが進んでまいりますと、次の人もそのまた次の人も、そういう交《まじ》わりをするので快いものになり、非常に心に安らぎを得られるようになるわけです。

（『求道』　S51・12）

自分の心は、自分でしか耕すことができません。私たちは、幸せになろうと思っても、人さまとの縁がなければ、一人では幸せになれないのです。一人でじっとしていても、心は耕せませんし、幸せは感じられないのです。だれかと出会い、ふれ合うことで心が動き、心を耕すきっかけや材料が生まれます。現実の問題、嬉しいことや悲しいことを通して、心は耕されるのです。たとえ困ったと思うような人がいたとしても、その人を何とか幸せにしたいと思う心を縁にして、心が耕せるのです。

開祖さまは、「私たちが生活しているこの社会には、初めからよい人間、悪い人間がいるわけではありません。よい出会い方をすればよい人間になり、悪い出会い方をすれば悪い人間になっていきます。それが仏教の見方です」と、おっしゃっています。

都内のある教会に、開祖さまがご巡教にいらっしゃったときです。いつも約束の五分前に到着することをモットーとされる開祖さまでしたが、その日は車の渋滞に巻き込まれ、到着したのは予定より三〇分も過ぎてからでした。初めは大喜びでお待ちしていた信者さんも、少し待ちくたびれて、どうしたことかと不安な気持ちになっていました。

それより困っていたのは運転手さんです。申しわけない気持ちでいっぱいでした。

ところが、開祖さまは教会に着くなり、皆さんの前で、にこやかにこうおっしゃいました。

「いやあ、今日は本当に有り難かった。ご本部を参拝されるまでの皆さまのご苦労をよく分からせて頂きましたよ」

このお言葉で、みんないっぺんに嬉しくなりました。救われました。だれのせいでもなく、だれも×《バツ》ではないのです。すべてが○《マル》になりました。出会いのなかに仏さまのはたらきを見つけられたら、すべてが○になります。仏さまを見つける努力をすること、それが心を耕すことなのです。

私がいくら法を説いても、聞いてくれる人がいなかったり、周りに信者ができなかったりしたら、それは何の値打ちもない。法の縁にふれて、素晴らしい人が育つ、信者が救われていく、そして私をあと押ししてくれる——だから会長がつとまっているんでね。私に徳があるんじゃないんですよ。ただ、私が信者という素晴らしい徳を仏さまからいただいているだけなんです。

私たちは毎日いろいろな出来事に合います。いろいろな人にも出会います。出会うことによって心が動きます。そのときの自分の心の動きそのままを、開祖さまのようにあたたかい言葉で表現していくことで、私たちの心が耕されます。

仏になれるのは自分だけではなく、まわりの人たちもみんな仏になれる、幸せになれるのです。ただ、耕すのは自分なのです。自分の心なのです。心が耕されれば、それは自然とあたたかい言葉になり、行ないになっていくはずです。

そういうあたたかいまなざしで人を見て、認めていくことが、心田を耕すことであり、私たちが開祖さまのバトンを受け継いでいくことではないでし

（『ただひたすらに』P27）

ようか。

「出会い」というものはありがたいものだ。いつでも、どこでも出会った人を大切にする——それが因果の道理にかなった生き方ではないのかな。（中略）これから何年生きられるかわからないが、これからの人生も、毎日毎日の仕事にベストを尽くし、人との「出会い」を大切にして生きていきたいと思っている。

（『佼成新聞』S48・9・7）

29 迷わずにこの道を……四法成就《しほうじょうじゅ》

われわれはお釈迦さまの歩まれた足跡《あしあと》をふんで行けば、人生の旅に迷うことは絶対にありません。

(『法選』別　P48)

開祖さまは、「いつも仏さまがお護りくださっているんだから、安心していればいいんです。よいことをしていれば、よいことにしか出合わないのだから、大丈夫なんです」と教えてくださり、くり返し〈四法成就〉の大切さをお説きくださいました。

仏さまが、法華経の教えを分かりやすく、実行しやすく教えてくださったのが〈四法成就〉です。そこには、「諸仏《しょぶつ》に護念《ごねん》せらるることを為《え》」「諸《もろもろ》の徳《とく》本《ほん》を植《う》え」「正定聚《しょうじょうじゅ》に入《い》り」「一切衆生《いっさいしゅじょう》を救《すく》うの心《こころ》を発《おこ》せるなり」という四つの信仰の要点が説かれています。そのなかでも特に開祖さまは、仏さまがいつもそばにいて、よい行ないを心がけ、実践する者を護ってくださる喜びと安心を教えてくださいました。そして自分が絶対大丈夫と安心できるまで、徹底してよい行ないをすることを教えてくださいました。

法華経に出遇われてからの開祖さまは、文字通り〈四法成就〉を実践し続ける毎日でした。だからこそ、教えに対する絶対の信と帰依《きえ》の念が深まり、迷うことのない、大安心《だいあんじん》の境地になられたのです。開祖さまがくり返して〈四法成就〉をお説きくださったのは、私たちが何があっても安心していられる心境を得られるようにと願われたからではないでしょうか。

いつもくったくのない、神さま、仏さまにお守りしていただいているという気持ちでいれば、どこへ行っても、世界中受け入れてもらえるし、自分の行くところ、行くところが非常に皆さまから喜ばれる。

（『求道』S51・4）

まだ立正佼成会を創立して間もない頃、開祖さまは、私の祖母に「お父さん、いったい、いつまで信仰を続けるつもりですか」と尋ねられ、「仏さまの『善哉善哉《ぜんざい》』というお声が聞こえてくるまでだよ」と答えたそうです。

それからおよそ四十年後の一九七九年四月、開祖さまは宗教界のノーベル賞といわれる「テンプルトン賞」を受賞されることになりました。ロンドン市内のギルドホールで開かれた記念講演会で開祖さまは、一瞬声を詰まらせながら、こうおっしゃいました。

「おそらく今回の受賞は、神仏が私に『迷わずにその道を行け』、というみ心を示されたものと存じます」

このお言葉に、開祖さまのどのような思いが込められていたのでしょう。開祖さまにとってテンプルトン賞は、教えを実践された正しさを神仏が証明してくださる、まさに「善哉」というお声だったのではないでしょうか。

声聞・縁覚の悟りもけっしてむなしいものではないということです。ほんとうの悟りにたっする道からはずれているのではないということです。まちがいなくその道の上にあるのです。ただ、途中にすぎないだけのことです。（中略）もうすこし前進しさえすればいいのです。

（『新釈』4　P348）

ある方が開祖さまに質問しました。

「実はいま、週刊誌で噂《うわさ》になっているのですが、ある人が何月何日に必ず天《てん》変地異《へんちい》が起こる、と予言しているのです。その日が今日です。夜の十二時までに何か起こるのではないかと、心配でなりません」

すると、開祖さまはこうおっしゃいました。

「私にはそういうことを予言する能力はない。しかし、どうすれば神仏から護ってもらえるかは知っているよ」。そして、「まあ、ためしに十二時まで起きていなさい」と、笑いながらお帰りになりました。

結局、その日は何も起こらなかったそうです。

「まだ来ない先のことを心配したり、予言などに惑《まど》わされたりせずに、ひたすらに神仏のご守護を信じていく。そして、仏さまに護って頂けると安心していられるように、仏さまの願いを実践していく。これしかありませんね」

と、のちに、その質問をした方は話してくれました。

何時《いつ》でも何処《どこ》でも、自分は仏様に護念《ごねん》されているという喜びと自信は、自分自身、まさしく仏様に護《まも》られるような行いをしているからこそ、持つことができるのです。

（『佼成』 S41・3）

私たちにとって大事なことは、本仏の願い、本仏のご守護を信じることです。そして、仏にいたる唯一の道である菩薩道を行じることです。仏さまが常に私たちと共にあることを信じ、僧伽《さんが》の仲間と心を合わせ、力を合わせて「一切衆生を救うの心を発《おこ》して」いく。それが、迷わずにこの道を歩めるようにと、開祖さまが実際に歩むことで、私たちに示してくださった道なのです。世界じゅうの人を幸せにするという、仏さまの本願を実現していく道なのです。

「一切衆生《いっさいしゅじょう》を救《すく》うの心《こころ》を発《おこ》せるなり」。自分一人だけ救われようと思っても、かなうものではありません。それは法華経の精神ではありません。一切衆生すべての人とともに救われたい、世界のすべての人を救わせていただこう、社会全体をよくしていこうという心を起こしなさい——これが（四法成就）四番目のお言葉です。

（『三霊山瞑想』 P25）

新潟の山村から出てきた青年が、仏さまの言葉だけを絶対に信じ、ほかに何の保障もないいなか命をかけて歩いてきて、これだけのことを成し遂げ、「どうすれば神仏から護ってもらえるかは知っているよ」とおっしゃったのです。絶対に護られるはずだという自信は、並大抵の努力では得られません。けれども、私たちは、開祖さまが歩み、示してくださった道を、ただそっくり受け継ぎ、迷わずに進むだけでいいのです。

わたしは、なにも特別な人間ではありません。田舎出《いなかで》の、ふつうの青年でした。ですから、わたしのやったことが、みなさんにもやれないはずがないのです。どうかみなさんも、ここで決じょうを新たにして、新しい時代の担《にな》い手となっていただきたいのであります。

（『躍進』　S40・12）

30 心一つに……異体同心《いたいどうしん》

〈みんなといっしょに進み、みんなといっしょにしあわせになる〉——これがほんとうの人間らしい生きかたであるからです。

（『新釈』4 P383）

開祖さまは晩年、「何かお言葉を」というまわりの求めに応じて、くり返し「みんなが仲よく、心一つに」と、ご指導くださいました。お年を召《め》されていた開祖さまの、短い言葉ではありますが、そこには、私たちは本来、みんなが一つの願いを持って生まれてきている者同士なのだ、という意味が込められているように思います。

また、「仏教がいかに正しく、尊くとも、和合僧《わごうそう》という考え方がなければこの教えは広まりません。私がつねづね異体同心と申すのもそのためでありま す」ともおっしゃいました。

生活環境や考え方がそれぞれに違う者同士が、常に同じ考え方で、同じ意見を持って同じ行動を起こすことは、現実には不可能なことです。けれども、意見の違う人も、もともと、みんなが仏性を開いていくという一つの願いを持って生まれてきた「いのち」であると思うことならできます。それに気づくことが「異体同心」ではないでしょうか。

あるとき、宗教協力のための会合が開かれました。白熱した討議が行なわれたものの、意見が分かれ、もの別れの状態のまま、開祖さまが閉会の挨拶《あいさつ》に立たれました。

そこで開祖さまは、「今日は、お陰さまで、素晴らしい会議となりました。

皆さんが一生懸命だからこそ、意見の衝突もあるわけです。皆さまのご熱心な討議、ご協力に感謝申しあげます」と述べられました。

後味の悪い思いのまま立ち去ろうとしていた出席者の方々は、自分たちが一つの目的に向かって懸命に討議し合ったのだということを、そのときあらためて気づいたのでした。

いろんな考えの人から異なった意見が出たとき、聞くほうは、それらの人々の意見をちゃんと〝聞く〟頭を持ってなくてはいけないんですね。宗教協力に対して、仏教の一番いいところは、そこなのです。仏教真理というものは、〝順〟も〝逆〟も共に救うわけです。いまのような世の中になったら、順のものでも逆のものでもみんな救われるというものでないとだめなんですよ。

（『ほっしん』 H2・9）

このお言葉は、「みんなが一つの願いを持って生まれてきた仏である」「もともと一つのいのちである」という、開祖さまの見方から生まれたものです。たとえ一つの目的に向けて努力していたとしても、みんなが同じ意見になることは難しいことです。けれども、意見が違っても、目指すところは同じなんだと気づいていけば、気づいた人が増えていけば、そこには必ず、本当の道が開けてくるのではないでしょうか。

個の完成に努力しつづけるもの同志が一致してこそはじめて異体同心といえるのではないかと思うのです。

（『佼成』S37・1）

開祖さまのおっしゃる「異体同心」というのは、「すべての人を同じ考えにしよう」ということではなく、「すべてのいのちは、もともと一つの仏のいのちの現われである」、ということではないかと思うのです。

31　われ人ともに大道を歩まん……無上道《むじょうどう》

「願《ねが》わくは此《こ》の功徳《くどく》を以《もっ》て　普《あまね》く一切《いっさい》に及《およ》ぼし　我等《われら》と衆生《しゅじょう》と　皆共《みなとも》に仏道《ぶつどう》を成《じょう》ぜん」という一句があります。これは「法華経」の行者だけでなく、ほとんどすべての仏教信者が、お勤めの結びとして唱える文句ですから、「結願《けちがん》の文《もん》」といわれていますが、仏教信者の大きな「願《がん》」と「行《ぎょう》」の精神は、この短かい文句の中に尽きていると思います。

（『法解』Ｐ１８６）

開祖さまは法華経に出遇われてから六十年余りにわたり、法華経一筋の道をひたすらに歩み続けられました。その生涯を通して開祖さまは、「みんな仏の子である」という真理を生活のなかに具体的に現わしていくことが、私たちの生き方であり、使命であると示してくださいました。

出合いのなかで、常に仏さまのはたらきを見いだすのは至難のわざです。自分にとって都合の悪い相手や出来事を前にして、そのなかに救いがあるとは、どうしても思えないこともあるでしょう。

仏さまを見つけるのは難しい。だからこそ、法華経は難信難解《なんしんなんげ》といわれるのです。ですから、まず信じることから出発する、それが大切なのです。

神仏は守りたいんだ。「すべてを救いたい」のが、仏の本願。そのご守護を頂くためには、仏の本願に向かって、歩まねばならない。それが「われ、ひとともに大道を歩まん」だ。

（『ほっしん』H1・1）

〝信を万事のもととなす〟で、信じられることがまず「救い」になる。そして

「人を救う」ことを忘れないことが大切で、〝救おう〟という意欲をいつも持ち続けて精進に励むことです。

（『ほっしん』H1・2）

ある教会に、いつも居眠りをしている幹部さんがいました。この幹部さんが、ご主人のご両親の介護で疲れているのは分かっていました。けれどもせっかくみんなで心を一つにして修行していこうというのに、どうしたらこの方が居眠りをせず、真剣になってくれるのか、それが支部の悩みになっていました。

開祖さまの教えで大道に引き入れて頂いた私たちは、これをどう見ることができるでしょう。答えは簡単です。皆さんもご存じのように、家庭で菩薩行しているこの幹部さんをみんながあたたかく認め、努力を称える気持ちで、そのまま寝かせてあげればいいのです。そんなあたたかい気持ちでみんなの心が一つになったとき、不思議とご家庭の事情が変わり、その方はもう居眠りすることがなくなったそうです。

法華経は難信難解《なんしんなんげ》だといわれますが、それも、教えそのものが真実の教えであるからであって、菩薩《ぼさつ》の心をもたないと理解することがむずかしい、ということなのです。

（『三霊山瞑想』Ｐ12）

難しく考えるのではなく、まずはそのまま行なってみればいいのです。難しくするのは自分自身です。それは実相を見るより、「こうあるべきだ」と思うからです。

問題を〝解決〟しようとするから難しいのです。悪い現象だと思うから、「簡単には解決できない」と思って自分で難しい問題にしてしまうのです。

人の仏性を見ること、あたたかい慈悲の眼で見ること、それに集中すればいいのです。それが大道なのです。

救われの道は簡単なのです。真実の教えを、教えのとおりに信じ、実行すればいい。実行すれば、難信難解といわれる法華経の教えも簡単に理解でき、そのすばらしさが実感できるのです。したがって、いちばん大切なことは、素直な心で法華経を学ぶということです。「だれでも仏になれる」といわれたら、「それはありがたいことだ。ぜひ仏になる道を学びたいものだ」という態度が大事なのです。

（『三霊山瞑想』Ｐ12）

開祖さまは生涯、青年のようでした。うしろから来る私たちのために、ゴールのない道をひたすらに信じ、歩み続け、無上道を歩む喜びを私たちに示してくださったのです。

一九九四年、イタリアでＷＣＲＰⅥ（第六回世界宗教者平和会議）が開かれることになり、バチカンでの開会式には、開祖さまの長年の念願であった、ローマ教皇さまのご出席が叶うことになりました。

ところが当時、開祖さまはすでに九十歳を目前にされ、体調も万全とはいえませんでした。家族としてそばにいた私にも、それは目に見えて明らかで、孫としては、大事な祖父をなんとしても引き止めたい気持ちでいっぱいでした。だれか代わりになれないのだろうかと思いました。お年を召した開祖さまに安心して休んで頂けるよう、私たちがこの道を受け継いでいかなければいけないと、このとき痛いほどに感じました。

ほんとうの道というのはね、やはり人が歩んだ道がほんとうの道なんです。だ

から、歩む。歩ませなきゃだめだ。われわれは、どうしても導かなければだめなんです。自分と同じ道を歩む人をね……。一人歩けば、その道はだんだんとね、歩き歩きするうちにほんとうの道になる。

（『ほっしん』　S61・12）

「ではね、命がけで行ってくるよ」。そう言ってバチカンへ向けて出発された開祖さまのお顔とうしろ姿が、いまでもはっきり脳裏に焼きついています。仏さまの悟りの世界をこの世に実現するためには、命をかけても歩む道があるということを、私はそのお姿から学びました。

生命《せいめい》を捨ててもかまわない——という、無我の、すがすがしい心境になってこそ、自分のほんとうのいのち、不生不滅《ふしょうふめつ》の仏性が生きてくるのです。

（『新釈』7　P153）

開祖さまが命がけで行こうとされたところは、バチカンという場所ではなく、国や宗教の違いを超えて実現する、光り輝く仏さまの世界だったのかもしれません。

開祖さまが身をもって示してくださったように、「この道の先に悟りがある」ことを信じ、この道を行く。それが、私たちが共に歩む無上道です。

「わたくしどもは、命さえ惜《お》しいとはおもいません。ただ仏さまのお説きになったこの無上の教えに触れない人がひとりでもいることが、なにより惜しいのでございます」

すばらしい対句《ついく》です。**この無上の教えに触れない人がこの世にひとりでも残っているかぎり、それが惜しくてたまらない。それにくらべたら、命なんぞは**

すこしも惜しくない！……正法《しょうぼう》に生き、慈悲に生きる、烈々《れつれつ》たる心境です。

（『新釈』6　P161）

32 光を代々伝えるために……継承《けいしょう》

いちばん大切なことは、仏教に導いていくには、お釈迦さまが言われたとおりのことを、その〝光〟を人びとに間違いなく与えるようにすればよいのではないか。一つの光の線路を敷いてあげるだけでよいのです。

（『法選』4　P274）

一九八二年六月、開祖さまが、ニューヨークの国連本部で開かれたSSDⅡ（第二回国連軍縮特別総会）で演説されたときのことです。開祖さまは、原爆被爆国の仏教徒として核兵器廃絶を呼びかけ、立正佼成会がその先頭に立って軍縮活動を展開すると表明されました。会場には、立正佼成会の平和特使団の一行も参加していて、その開祖さまのお姿を見つめていました。
帰国後、大聖堂で開かれた報告会で、青年代表の一人が、「これからは、私たち青年が先生（開祖さま）と肩を並べさせて頂いて、平和のために歩むべき時を迎えたと思います」と感動の面持ちで決意を述べました。

青年が持つべき最高の目標は――世界平和の実現――私はこう思います。青年は若芽です。困難という節から出る新しい芽です。

（『ほっしん』H2・8）

後日、「開祖さまと肩を並べるとは、少し言い過ぎなのではないか」という声が耳に入りました。青年は、自分は間違っていたのだろうかと思い悩み、機会を待って、開祖さまにご指導を頂きました。すると開祖さまは、「青年は私の前を歩きなさい。そうすれば、うしろから見守ることができる。もし迷ったり、必要なときには、進むべき道を示すこともできる」と、力強く励ましてくださいました。開祖さまの深い信頼と大きな期待を実感し、この青年は平和活動に取り組む勇気を頂きました。

線路を敷いて光を与えておれば、大勢の人がどんどん集まってきます。立派な人がぐんぐん成長して大衆を引き連れてまいります。そういう人びとに従って自分はけっして後にはなりっこありません。仏教の経文に忠実に線路を敷いた功徳《くどく》というものは、はっきりと出てきます。(中略)ですから、仏さまの教えの光を遮断《しゃだん》しないように、いつでもまっすぐに、邪魔ものなしに仏法という鏡に、信者さんの顔をそのまま写してあげる。そういう努力を私どもはしてゆくべきであります。

(『法選』4　P276)

人の幸せを念じてやってきたのに、時として、まるで自分が人よりも後になり、追い抜かされたような、認めてもらっていないような気持ちになることがあります。開祖さまは「そんなことはない、大丈夫だよ。人を先に行かせたようでも、自分が後になることは決してない」と、おっしゃっています。我《われ》をなくして光を伝える人こそ、本当に光るのです。

仏さまの光をいつまでもまっ直ぐ人びとの胸にもって行くことを考えているべきであります。仏教経典に忠実に、経典の邪魔をしないように、経典そのものの光を、どなたにでも正しく示してその手に持たしてあげることです。

（『法選』4　P275）

人生にはいろいろなことが起こり、そのときにさまざまな心が湧いてきます。けれども、その出合いを通して、見方や行動をほんの少しずつでも仏さまのようなあたたかいものにしていこうというのが、仏さまの灯してくださった光です。それはみんなが仏になる道、幸せになる道を照らす光ですから、安心して、喜んで仏さまの光を見つけながら、歩いていけばよいのです。

仏さまにお会いできるかどうかは、まず、自分が信伏《しんぷく》し、質直《しちじき》にして心が柔軟《にゅうなん》であること、そして、一心に仏さまにお会いしたいと念じて身命を惜しまないこと、仏さまにあこがれ恋いしたう心を起こすこと、なのです。この心が宗教というものであり、信仰というものです。

（『三霊山瞑想』 P63）

私たちは、問題や苦労に遭ったとき、すぐに「変えよう」と思わずに、まずはそこに光を探し出すことを考えればよいのです。悪因を探すことをやめ、いまからは、すべて善因善果と見る人生に切り替えることに決めるのです。そのあたたかい見方が、苦労の尽きない世の中を照らす光になり、その一点の仏ごころからすべてが救われる世界が始まるのです。

将来、この会をになっていく幹部のかたに考えてもらいたいことは、自分に不利なことがあっても、それを功徳《くどく》だと思い、逆縁《ぎゃくえん》を善縁《ぜんえん》と解釈できるようにならないと、宗教家にはなれないということです。（中略）私はそういう考え方で、すべてのことに対処しております。

（『法選』2　P352）

33 道を求めて……新生《しんせい》

私は三十二才の年に本会を創立し、以来、青年の意気をもって今日に至っております。青年期の私であったからこそ、この難事業が突破できたと信じております。青年部役員諸君の溢《あふ》れる熱情をもって仏教の本質的な救われ方を認識して、人格完成に励むと共に家庭、社会、国家、世界の平和境建設のために今こそ全身全霊を捧げて頂きたいのであります。

（『躍進』 S39・2）

一九八四年、立正佼成会を会場にして、アジアで初のIARF（国際自由宗教連盟）の世界大会が開かれました。そのわずか二週間後、今度はアフリカのケニアで、WCRPⅣ（第四回世界宗教者平和会議）が開かれました。開祖さまは、その二つの世界会議の最高責任者として、準備段階から世界中を回り、さまざまな困難を乗り越えて、開催にこぎつけました。そしてその二つともが、大きな成果を残してようやく閉幕しました。関係者のほとんどが、ホッとした安堵感《あんどかん》に浸《ひた》っていました。

閉幕後の記者会見で開祖さまが、最後にこうおっしゃいました。

「私は八十歳を超えても、まだ夢を持っている。さあ、明日からまた、新しい出発だ」

わたしが立正佼成会を創立したのは、現実に人を救い、世を立て直そうという熱意のゆえでありました。しかも、ほんとうに人を救い世を立て直すには、法華経にこめられている真の仏教精神をひろめるほかないという確信を得たからであります。

（『佼成』 S43・12）

開祖さまが求めたもの、それは「目の前のこの人を、そしてすべての人を、どうしたら幸せな境地にしてあげられるのか」という、この一点だったのではないでしょうか。

その一心で、さまざまな信仰に出遇い、体験し、そしてついに法華経に出遇ったのです。そのとき開祖さまは、「これこそすべての人が百パーセント救われる教えだ」と飛び上がらんばかりに感動なさったそうです。

けれども、この法華経に出遇った後にさえ、若い青年たちに向かって、「私は、この法華経の精神がいちばん素晴らしいと信じている。けれども、きみたちは自分で経験し、勉強してみるといい。もし法華経よりも素晴らしいと思える教えに出遇ったら、すぐに教えてほしい。本当にそうならば、私は喜んで、すぐにでもその信仰を始めるよ」と、おっしゃいました。

青年が未完成であるのはあたりまえのことなのです。そこから一歩ずつ前進していくことが尊いのです。その努力のなかにしか、本当の生きがいというものはないはずなのです。

（『法選』４　Ｐ１３７）

開祖さまの願いは、みんなを幸せにしてあげたい、みんな一緒に幸せになりたい、そのことに尽きるのではないでしょうか。そしてそのために、真の法華経精神を弘《ひろ》めたいと願われたのです。

この開祖さまの夢を、開祖さまの求めたものを、この私自身が今度は自分で、自分の夢として求めていくことが、私の信仰新生です。

つねに真実（仏の智慧）を求め、慈悲心（如来の智慧）を豊かに育て、そして、みずからの仏性がのびのびと活動して仏さまのみ心と感応するよう、真の信仰心（自然《じねん》の智慧）のほうへ方向づけながら、修行に励まなければならないともいます。

（『新釈』8　P209）

そのためには、どんな小さなことでもいいのです。一瞬一瞬に、価値あるものを見いだしていく。そういう一日一日の積み重ねが、生きがいのある、価値ある人生をつくり出していくのです。

私ども仏教徒のひとりひとりが仏さまの手足となって、仏さまの願いを、この世に実現すべく努力する、教えを日常生活に生かす——ただこの一点に意を尽くしていただきたい。

（『法選』別　P145）

開祖さまはそのご一生を通じて、私たちに釈尊の悟られたこと、つまり、「本来光っているものを光っているものとして観ること」を教えてくださいました。それはいつでも、どこでも、だれでも、それに気づきさえすれば見えてくる世界なのです。

開祖さまがつかまれた「一法」を、いつも感じていられる私でありますように。開祖さまが求めたものを、いつも求めていられる私でありますように。そしてあたたかな仏さまの願いをいつも感じ、人びとの仏性の輝きにいつも目がいく私でありますように――。そんな願いを言葉にしてみました。

いま目の前にいる人が
自分を成長させ　菩薩行をさせてくださる人だと心から思う
　今日一日　そういう私であっただろうか
仏性とその働きに気づけるよう　仏さまの光をあてる
　今日一日　そういう私であっただろうか
相手に希望と喜びと安心を与えられる私になる
　今日一日　そういう私であっただろうか

この世に生を受けて間もなく、私は開祖さまから「光が代々伝わるように」との祈りを込めて「光代」とご命名を頂きました。また結婚を機に、父から「明るい兆《きざ》しとなるように」との願いを込めて「光祥」の法名を頂きました。その祈りや願いが実現できる私になれますよう、これからも皆さまとご一緒に力を合わせ、励まし合い、この光の道を歩んでまいりたいと思います。

開祖さまのみ教えの光が、すべての人に生きる意味と価値を伝え、ひいては、私たち立正佼成会会員がその光を伝え、世の中を照らす光となれますように――。

合掌

庭野光祥

参考文献

『法華経の新しい解釈』
『新釈法華三部経』（全10巻）
『仏教のいのち法華経』
『平和への道』
『初心一生』
『庭野日敬自伝』
『脚下照顧』
『ただひたすらに』
『庭野日敬法話シリーズ』1～16
『もう一人の自分』
『人生、そのとき』
『人生の杖』
『見えないまつげ』
『三霊山瞑想』
『法華三部経　各品のあらましと要点』
『瀉瓶無遺』
『人生、心がけ』
『開祖随感』（全11巻）

『この道』
『法華経のこころ』
以上、庭野日敬著　佼成出版社刊
『本尊観の確立のために』（立正佼成会布教本部）
『庭野日敬法話選集』（全7巻・別巻）（立正佼成会編）
『心田を耕す』（庭野日鑛著）
『すべてはわが師』（庭野日鑛著）
『庭野日敬追悼集　異體同心』（開祖顕彰事業推進室編）
『庭野日敬追悼集　把手共行』（開祖顕彰事業推進室編）
『父の背中』Ⅰ・Ⅱ（庭野欽司郎著）
『心の回転椅子』（竹村欣三著）
『笑顔のうしろ姿』（根津益朗著）
『私のなかの開祖さま』（中央学術研究所「開祖顕彰聴取り調査研究委員会」編）
『一乗の光ひたすらに　庭野日敬開祖事績集』（開祖顕彰事業推進室編）
『聚秀録』正・続（庭野日敬著　立正佼成会出版部刊）
以上、佼成出版社刊
『私の履歴書』（庭野日敬著　日本経済新聞社刊）
『求道』『ほっしん』（立正佼成会教務部）
「一乗説法」（『佼成新聞』）

庭野光祥　にわの・こうしょう

一九六八年東京都出身。学習院大学法学部卒業後、立正佼成会の人材養成機関である学林本科に学ぶ。現在、立正佼成会次代会長として法華経の研鑽に努め、教団の主要行事における参拝者への講話や国内外での宗教協力活動に取り組む。新日本宗教団体連合会理事、WCRP日本委員会理事、同国際委員会共同会長・共同議長、アブドッラー国王宗教・文化間対話のための国際センター（KAICIID）理事などを務める。主な著書に『笑顔は天の花』などがある。

立正佼成会ホームページ
https://www.kosei-kai.or.jp/

開祖さまに倣いて

二〇〇八年三月　五　日　初版第一刷発行
二〇二一年五月十五日　初版第四刷発行

著　者　庭野光祥
発行者　中沢純一
発行所　株式会社佼成出版社
〒一六六-八五三五
東京都杉並区和田二の七の一
（〇三）五三八五—二三一七（編集）
（〇三）五三八五—二三二三（販売）
佼成出版社ホームページ　https://kosei-shuppan.co.jp/
装　丁　大竹左紀斗
印刷所　大日本印刷株式会社
製本所　株式会社若林製本工場

ISBN978-4-333-00662-5 C0095